Manual descomplicado de COMPLIANCE TÉCNICO-LEGAL EM CLOUD FORENSICS

Guia para Profissionais do Direito e da Informática Forense

CLAUDIO JOEL BRITO LÓSSIO

Manual descomplicado DE COMPLIANCE TÉCNICO-LEGAL EM CLOUD FORENSICS

Guia para Profissionais do Direito e da Informática Forense

2022

EDITORA *Jus*PODIVM

www.editorajuspodivm.com.br

EDITORA *Jus*PODIVM
www.editorajuspodivm.com.br

Rua Canuto Saraiva, 131 – Mooca – CEP: 03113-010 – São Paulo – São Paulo
Tel: (11) 3582.5757
• Contato: https://www.editorajuspodivm.com.br/sac

Capa e diagramação: Maitê Coelho e Cendi Coelho *(cendicoelho@gmail.com)*

L881m Lóssio, Claudio Joel Brito.
Manual descomplicado de compliance técnico-legal em cloud forensics: guia para profissionais do direito e da informática forense / Claudio Joel Brito Lóssio – São Paulo: Editora Juspodivm, 2022.

176 p.

Bibliografia
ISBN 978-85-442-3762-5

1. Direito Digital. I. Lóssio, Claudio Joel Brito. II. Título.

CDD 340.004.678

Dedico ao meu pai,
à minha mãe,
à minha linda esposa
e aos meus filhos

AGRADECIMENTOS

O caminho para a concretização de um curso numa instituição internacional, como é o meu caso, é um desafio que enfrento diariamente.

O processo de deslocamento afasta-me do meu maior bem, a minha maior riqueza: a minha família. Essa família apoia o meu crescimento acadêmico, incentivando-me nos meus projetos de desenvolvimento.

Agradeço à pessoa que me incentivou diretamente para entrar no curso de mestrado de engenharia de segurança informática do Instituto Politécnico de Beja, o meu amigo e mestre Manuel Masseno.

Agradeço às grandes pessoas que me ajudam a evoluir a cada dia deste curso, aos amigos e mestres Rui Silva e Mário Candeias, que, muito têm incentivado a pesquisa prática e científica e que, acima de tudo, foram sempre disponíveis e atenciosos.

Agradeço aos amigos que encontrei no decorrer do curso e que também, de alguma forma, me ajudaram a concluir esta caminhada, Nuno e Hakime.

Agradeço ainda à família SNR Sistemas, Juscibernética e a LAW Advocacia, assim como aos clientes parceiros, pois sem vocês esse processo teria ocorrido ainda com um grau de dificuldade maior.

Agradeço a todos que incentivam os bons fornecedores de produtos e serviços.

Gratidão ao time da Juspodivm, pela confiança de sempre!

APRESENTAÇÃO PELO AUTOR

A presente obra está direcionada para os profissionais do direito no sentido amplo, advogados, doutrinadores, polícia judiciária, magistrados, promotores, defensores, todos. Assim também como para os profissionais da informática forense, como o perito judicial, assistente técnico, equipe de resposta a incidentes: *blue team*, como também para o *red team*. E melhor ainda, pode ser direcionada para ao demais entusiastas do saber.

A relação entre o ciberespaço e o Direito não é algo novo, mas, dada a popularização e a massificação de produtos e serviços em *cloud*, torna-se um fato cada vez mais estudado perante as suas ciberoperações.

As ciências forenses envolvem diretamente o procedimento interdisciplinar. Quando se trata de procedimentos forenses digitais, o cenário torna-se cada vez mais vasto devido à comunicação direta e transversal entre ciências, como jurídicas ou tecnológicas, e de gestão e governança.

Ao tratar no forense digital, o forense em *cloud* ainda se apresenta com maior grau de dificuldade, tanto no âmbito técnico como no jurídico, visto que a tecnologia evolui e, com isso, surgem novos produtos e serviços na *cloud*, que não conhecem fronteiras soberanas.

A engenharia de segurança informática é o instrumento que pode proporcionar o máximo de eficácia e eficiência quando se procura a conformidade forense à luz dos diplomas legais que tutelam direitos, liberdades e garantias fundamentais, como a privacidade e a proteção de dados. Mas, como realizar uma aquisição forense em *cloud*, respeitando os padrões técnicos internacionais, que para o direito são conhecidos como *softlaws*, e ainda assim seguir o que está presente nos normativos legais de proteção de dados, por exemplo?

A informática forense é um dos objetos de estudo do Engenheiro de Segurança Informática, enquanto os normativos legais são objetos de estudo nas ciências jurídicas. Assim, para que as ciências forenses com ênfase em *Cloud* estejam em conformidade, essa relação deve estar unida.

O Direito é um instrumento de regulação social, assim como as liberdades e garantias individuais num Estado democrático de Direito. Nesta perspectiva, as práticas que envolvem a *Cloud Forensics* devem estar em conformidade com as leis presentes na ordem jurídica do Estado envolvido.

Contudo, a comparar algumas das principais ferramentas presentes no mercado, com ênfase em benefício, ainda priorizando procedimentos que envolvam a mínima utilização de ferramentas pagas. Esta escrita foi desenvolvida com base técnica e legal, respectivamente praticada e fundamentada, realizada com o acompanhamento de profissionais do Instituto Politécnico de Beja e Lab UbiNET, Portugal.

Juazeiro do Norte – CE, 01 de dezembro de 2021.

APRESENTANDO O AUTOR

Muito se fala em pesquisas interdisciplinares. Porém, as mesmas exigem bases consistentes em cada uma das áreas do conhecimento, o que é muito pouco comum. Neste caso, temos uma raridade, a de um Mestre em Ciências Jurídicas que passou também a ser Mestre em Engenharia de Segurança Informática, obtendo tais Graus em Instituições portuguesas, a que se juntam diversas Especializações no Brasil e na Espanha. Como adicional, o Autor tem mais de duas décadas de experiência em Informática Jurídica, também como empresário.

Em síntese, APROVEITEM!

Manuel David Rodrigues Masseno

Professor Adjunto do IPBeja – Instituto Politécnico de Beja, onde também integra a Coordenação do Laboratório UbiNET – Segurança Informática e Cibercrime e do MESI – Mestrado em Engenharia de Segurança Informática – Docência de Proteção de Dados Pessoais, em Portugal, Itália, Finlândia e Brasil. Em Portugal, integra o Grupo Permanente sobre Segurança e Privacidade da APDSI – Associação para a Promoção e Desenvolvimento da Sociedade da Informação. No Brasil, integra o Grupo de Trabalho de Direito Digital e *Compliance* da FIESP e é Consultor da Comissão de Direito Digital e *Compliance* da OAB/SP. Integra ainda a EDEN – Rede de Especialistas em Proteção de Dados da Europol (Agência Europeia de Polícia).

APRESENTAÇÃO: A INFORMÁTICA FORENSE EM *CLOUD*

A informática forense é uma disciplina altamente técnica que une o conhecimento de engenharia informática às ciências e metodologias da investigação forense. Esta disciplina, que tem como objetivo reconstruir as interações do utilizador com o meio informático sob análise, através da identificação, correlação, e extração de artefatos digitais, encontra-se fortemente assente sob alicerces jurídicos. Para que o produto final da perícia digital forense encontre a sua admissibilidade em tribunal, é imperativo considerar a forma como os artefatos digitais foram efetivamente obtidos. Inevitavelmente, os procedimentos, técnicas e ferramentas utilizadas durante uma perícia digital forense, encontram-se igualmente intimamente regulados pelos requisitos legais de admissibilidade de prova. Concerne, portanto, ao especialista em informática forense, ter em consideração as boas práticas e normas internacionais durante as diferentes fases do processo técnico-científico de uma perícia digital forense. Deste modo, o especialista poderá demonstrar que a evidência digital é autêntica, completa, confiável e credível, e assim evitar a nulidade deste meio de prova.

Com especial destaque sobre a forense na *Cloud*, este manual ambiciona dotar os seus leitores de conhecimentos sobre os requisitos de *compliance* técnico-legal dentro desta área de investigação forense. A estrutura com que o autor apresenta estes conteúdos, guia bidirecionalmente o leitor desde os diplomas legais sobre as diversas entidades envolvidas e associadas ao armazenamento em *Cloud*, aos aspectos técnicos e ferramentas certificadas para proceder à aquisição forense de artefatos digitais na *Cloud*.

Fábia Berbigão

Professora convidada e Perita em Informática Forense na especialidade de Forense Digital Criminal
Laboratório UbiNET – Segurança Informática e Cibercrime do Instituto Politécnico de Beja, Beja, Portugal

Investigadora Forense na especialidade de Forense Digital Corporativa e OSINT
Programa Alimentar Mundial das Nações Unidas, Roma, Itália

Doutoranda em Ciências da Computação na especialidade de Forense Digital
Laboratório DigitalFIRE da University College Dublin, Dublin, Irlanda

Investigadora Forense na especialidade de Forense Digital Criminal
Laboratório UbiNET – Segurança Informática e Cibercrime, Beja, Portugal

Mestre em Guerra de Informação e Competitive Intelligence
Academia Militar de Lisboa, Lisboa, Portugal

Licenciada em Ciências Forenses e Criminais
Instituto Universitário Egas Moniz, Almada, Portugal

APRESENTAÇÃO PARA CRIANÇAS SOBRE CIBERINVESTIGAÇÃO

O conteúdo a seguir foi construído por uma criança que aprecia o trabalho do pai no âmbito da perícia em informática forense e ciberinvestigação.

Essa pequena vai acompanhando e conhecendo algumas ferramentas digitais para proceder com o procedimento informático, contudo, sempre lembrando de seguir o que é determinado pela lei.

Mas como ela sabe de leis? Perguntando, o que pode e o que não pode fazer, e assim vai fundamentando o seu conhecimento inicial.

CINCO PASSOS PARA SE TORNAR UM CIBERINVESTIGADOR:

1. Preparar um kit de ferramentas;
2. Procurar os detalhes com calma;
3. Examinar tudo o que foi encontrado;

4. Descrever cada detalhe em um relatório;
5. Aprender sempre.

MF

8 anos – Estudante, Leitora
e Entusiasta da Tecnologia

BOAS PRÁTICAS PARA A MELHOR IDADE

- Não mexa com energia sozinho, para ligar o computador ou o carregador do celular;
- Não entre em *sites* sem o acompanhamento do adulto responsável;
- Não conversar com desconhecidos em jogos, pois alguns podem ser adultos se passando por criança;
- Não pode xingar as pessoas nos jogos. Se alguém o xingar, denuncie-o no jogo e chame o adulto responsável;
- Só pode instalar jogos e aplicativos para crianças;
- Se a *internet* estiver lenta, reiniciar o computador e o roteador;
- Não instale todo tipo de jogo no celular;
- Só atender ligação de contatos conhecidos;
- Só pode assistir filme de criança.

Masa – 75 anos

A caixa acima foi produzida a partir de uma conversa com uma criança de 75 anos, o Masa, provocando-o para que ele me informasse os cuidados que se deve ter ao utilizar o celular ou o computador.

É muito importante conversar não só com os genitores, avós, como também com as crianças e adolescentes em geral. A comunicação é o principal instrumento para apresentar os riscos, os valores e as boas práticas em um mundo cada vez mais conectado.

PREFÁCIO

O Mestre Cláudio Lossio publica o livro com o tema relativo à Compliance Técnico-Legal no âmbito da investigação forense em Cloud. Isto, num tempo em que a tecnologia impulsiona uma vez mais a digitalização, não conhecendo as típicas fronteiras delimitadoras das nações, num mundo cada vez mais "em rede", onde tudo é criado com vista à utilização de uma comunicação rápida e eficiente. Esta necessidade tem levado a uma constante reformulação nas tecnologias emergentes, produzindo uma rápida mutação da nossa sociedade, levando ao aumento exponencial da quantidade de dispositivos, dados transacionados e armazenados.

A continuada profusão da utilização de tecnologias emergentes, principalmente no que diz respeito à comunicação e segurança dos dados, está gerando uma rápida adaptação da sociedade ao modo como tratamos a informação, levando a crescer significativamente a adoção da utilização dos serviços em Cloud, muito influenciado pela atual capacidade e velocidade de processamento, bem como na maior disponibilidade dos dados.

É neste conhecido contexto, que os dados armazenados e processados na Cloud, tomam uma especial importância para a investigação criminal e consequentemente pela informática forense, por a Cloud possibilitar não só o armazenamento de indícios de crime, bem como ser o meio utilizado pelo próprio crime. O crime comum utiliza com uma maior preponderância o ciberespaço, não apenas como local de atuação, mas também com recurso a software que utiliza a Cloud para armazenamento de informação.

O contínuo recurso à Cloud como meio de inovação tecnológica, traz novos desafios para a sociedade, sendo um dos principais ao nível do Direito. Motivado pela ambiguidade inerente às características das tecnologias envolvidas, principalmente no local de armazenamento e tratamento da informação, ultrapassando as fronteiras físicas do país, e colocando em causa a aplicabilidade das leis que definem os direitos, liberdades e garantias dos seus cidadãos.

A informática forense na investigação de crimes informáticos, no contexto ciber, cibercrime, pauta-se por uma atuação técnica delimitada por normativos legais, de modo a todos os indícios de crime serem admissíveis como prova em tribunal. É assim imperativo, que a evolução das técnicas de atuação na recolha de prova digital no contexto Cloud, esteja em conformidade com os normativos legais reguladores do direito.

É neste sentido que o trabalho desenvolvido e apresentado como dissertação acadêmica no Mestrado de Segurança Informática, no Instituto Politécnico de Beja, toma agora o formato de Livro. Deste modo, é dando a conhecer não apenas o trabalho desenvolvido, mas também, é dada a possibilidade da continuidade do trabalho de investigação, sendo um tema de enorme interesse, e em constante evolução em ambos os domínios, técnico e legal.

Neste Manual, encontramos por um lado conteúdos, ferramentas e técnicas, relativos à Cloud Forensics, auxiliando todos os peritos informáticos na sua conformidade técnica, com as atuais delimitações legais a essa atuação, promovendo a validação da prova em juízo de tribunal. Por outro lado, a comparação da conformidade legal numa perspectiva multinacional, tendo em conta a possibilidade da atuação técnica na recolha de prova em Cloud, promovendo o conhecimento de pessoas relacionadas com o direito, nas possibilidades técnicas passíveis de serem efetuadas, relevando a doutrina da relação entre a atuação técnica e o direito no âmbito do Cloud Forensics.

Mário Jorge Costa Candeias

Doutorando em Informática

Mestre em Engenharia
de Segurança Informática

Professor e Investigador Convidado
no Instituto Politécnico de Beja

Perito em Forense Digital no Lab
UbiNET/IPBeja

SUMÁRIO

3

4

5

ÍNDICE DE FIGURAS

ÍNDICE DE TABELAS

ABREVIATURAS E SIGLAS

ABNT – Associação Brasileira de Normas Técnicas
ANPD – Autoridade Nacional de Proteção de Dados
CCPA – *California Consumer Privacy Act*
CLI – *Command Line Interface*
CLOUD Act – *Clarifying Lawful Overseas Use of Data Act*
CSIRT – *Computer Security Incident Response Team*
DDOS – *Distributed Denial-of-Service*
INTERPOL – *International Police*
ISO – *International Organization for Standardization*
LGPD – Lei Geral de Proteção de Dados
NIST – *National Institute of Standards and Technology*
RGPD – Regulamento Geral de Proteção de Dados
SDN – *Software Defined Network*
TCP – *Transmission Control Protocol*
VPC – *Virtual Private Cloud*

1

INTRODUÇÃO

Neste capítulo será enquadrada a importância deste tema, bem como os seus objetivos e a relação que o processo de resposta a incidentes na ciência forense digital tem com as ciências jurídicas e com os padrões técnicos internacionais, no contexto do ciberespaço e da sociedade da informação.

O crescimento da utilização de instrumentos de tratamento de informação tem vindo a criar uma sociedade na qual a transformação digital é fortalecida pelo ciberespaço, ao mesmo tempo que é diretamente afetada pelo processo de globalização. Este, catalisado pelo ciberespaço, faz com que pessoas de vários Estados se relacionem, conheçam outras culturas e realizem negócios jurídicos, como a compra de um computador portátil, de um *smartphone*, de armazenamento em *Cloud*, entre outros.

Um bloco econômico como a União Europeia já tinha essa relação entre Estados-membros, mesmo antes da popularização do ciberespaço. Com o espaço cibernético a derrubar fronteiras, essa relação entre pessoas singulares, coletivas e Estados fica mais frágil, tornando cada vez mais evidentes as relações transfronteiriças.

Perante o cenário exposto, percebe-se que as fronteiras entre países não conseguem serem visualizadas num espaço proporcionado pela *cloud*. Assim, diante da necessidade de uma resposta a um incidente de segurança informática, surge a questão:

Como enquadrar a aquisição de indícios forenses em ambiente *Cloud*?

Esta situação torna-se mais delicada do que o habitual, visto que os servidores de armazenamento podem estar localizados em qualquer local do planeta, e perante esse fato o processo técnico do *Cloud Forensics* deve estar em perfeita sintonia com os diplomas de proteção de dados que estão presentes nesse processo, sejam os do país da aquisição, da empresa ou do servidor.

Esta situação é delicada e, tal como no processo de preservação da prova, todos os pormenores devem ser completamente observados em busca da conformidade, tanto no que respeita a padrões técnicos internacionais como a processos legais, o que deixa clara a importância de uma efetiva Conformidade Técnico-Legal. A Conformidade Técnico-Legal é justamente essa busca pela conformidade, tanto nos processos técnicos como perante os normativos legais. Esse fato deve assumir uma importância primordial para a aquisição na informática forense, pois, seja no âmbito público ou no privado, a prova deve ser legalmente admissível e tecnicamente incontestável.

Os padrões técnicos internacionais estão presentes em praticamente todas as empresas públicas ou privadas que procuram estar em conformidade com algo, neste caso com a gestão de incidentes de segurança informática, cuja investigação terá como base a ISO 27035.

As organizações implementam políticas de segurança de informação e, nesse processo de implementação, podem utilizar diversos enquadramentos. Essa política deve ter como base, por exemplo, as ISO 27001 e 27002, que apresentam respetivamente os requisitos e o código de boas práticas do sistema de gestão de segurança da informação. A gestão de riscos de segurança da informação é a base para a realização da auditoria em segurança da informação, assim como para a elaboração do relatório de impacto de proteção de dados, e nesse ponto encontramos as recomendações da ISO 27005.

Num cenário em que apenas os padrões técnicos internacionais são utilizados para se garantir a segurança da informação, há normas que tutelam a privacidade, a personalidade e a proteção de dados, como a Diretiva 46/95/CE do Parlamento Europeu e o Regulamento Geral de Proteção de Dados Europeu.

Tanto o Brasil como os Estados Unidos da América não possuem normas legais com a força que o Regulamento Geral de Proteção de Dados proporciona, mesmo antes de ser transposto para a Lei 59/2019. Mas ainda assim, timidamente, tinham leis que tentavam regular o ciberespaço, como a CLOUD Act dos Estados Unidos da América (Estados Unidos da América, 2018) e o Marco Civil da Internet, Lei 12.965/2014, no Brasil (Brasil, 2014).

Assim surge uma nova ISO, a mais nova da família 27000: a ISO 27701 foi concebida logo após o Regulamento Geral de Proteção de Dados Europeu e tem como base a relação técnica com os procedimentos de tratamento, comunicação e de definição de responsabilidades, num resumo técnico de segurança da informação que irá promover a privacidade de acordo com os principais diplomas de proteção de dados.

Essa preocupação vai muito além de uma só ciência e não se limitando a uma só área do conhecimento. O procedimento para a conformidade (*Compliance*) Técnico-Legal é o ponto de convergência de todas as ciências, técnicas e práticas da computação, da engenharia de segurança informática, do direito, da gestão e da governança. Visto que conhecer ou aplicar apenas conhecimento com base em uma única ciência, o índice para se atingir a eficiência e eficácia será minimizado.

Quais as principais ferramentas e procedimentos que devem ser concretizados, num processo de resposta a incidentes de segurança da informação?

Nesta investigação será apresentada a modelagem de um possível ataque direcionado a ambientes na *Cloud,* assim como os principais tipos de ataques e as ferramentas forenses que podem contribuir para o processo de aquisição de dados na *Cloud* de forma adequada, pois qualquer procedimento informático realizado deve estar em conformidade legal, tanto na preservação das provas como para evitar ser inadmissível e tecnicamente contestável.

Urge compreender que a cada dia surgem novos produtos e serviços digitais e que esses, por vezes, recorrem a táticas ainda não exploradas e a técnicas que podem até ser consideradas como antiforense, visto a dificuldade ou até mesmo a impossibilidade de aquisição; assim, todo o procedimento deve ser realizado maximizando a prática exploratória, para que o êxito seja o maior possível.

Neste documento, serão apresentadas ferramentas com um breve resumo de utilização, de modo a apresentar os seus pontos fortes. Serão ainda apresentadas algumas imagens, para que o processo de amostragem seja o melhor possível.

Para o desenvolvimento dessa investigação, foi realizada pesquisa bibliográfica e foram adquiridas algumas normas ISO, sendo ainda feita a comparação de cada uma delas com os normativos legais vigentes. O estudo prático das ferramentas ocorreu também na investigação em busca de apresentar a utilização, assim como a prática diante das técnicas de forense em *cloud* conhecidas até o momento dos testes.

2

O ESTADO DA ARTE E HIPÓTESE DE INVESTIGAÇÃO

Neste capítulo serão apresentadas as ferramentas para aquisição forense na ***Cloud***, assim como os principais padrões internacionais utilizados para o processo de proteção de dados e resposta a incidentes de segurança da informação. Também serão apresentadas as normas que envolvem a proteção de dados em vigor em Portugal, no Brasil e nos Estados Unidos da América, para que a hipótese de investigação seja formada.

A engenharia de segurança informática envolve grandes profissionais, investigadores e cientistas, em técnicas e práticas que a aplicam tanto no âmbito profissional como no âmbito acadêmico. O intuito desta pesquisa é contribuir para a investigação relacionada com a legalidade internacional em relação a esses procedimentos.

Neste cenário, é importante lembrar que a prova digital deve ser legalmente admissível e tecnicamente incontestável; num ambiente em *Cloud*, a informática forense deve procurar o máximo de eficácia ao efetuar aquisições na *cloud*, para que a preservação da forma seja mais plena possível.

Deste modo, inicia-se o processo de apresentação sobre o que é a *Cloud*, os seus modelos e características, os principais fornecedores de serviços em *Cloud*, bem como os recursos mais comuns para a aquisição forense.

A expressão *Cloud Computing* é também denominada apenas por *Cloud* ou Nuvem. Baseia-se simplesmente em recursos de computação localizados no ciberespaço, que podem ser acessados remotamente, e que podem ser tratados como aparentemente inesgotáveis. A computação em *Cloud* pode-se adaptar às necessidades do utilizador, e fá-lo ocupando o mínimo possível do poder computacional local, direcionando assim todo esforço de computação para a máquina que está na *cloud*.

A *Cloud Computing* oferece alguns modelos de serviço que devem ser mais bem compreendidas no contexto desta escrita:

- SaaS – *Software as a Service* – *Software* como Serviço: Aplicativos acessados pelo utilizador e executados por uma infraestrutura em *cloud*. O aplicativo pode ser acessado por vários utilizadores.

O utilizador não gerencia a infraestrutura como servidores, sistemas operativos ou armazenamento, a não ser o que esteja disponível para configuração pelo próprio aplicativo. (NIST, 2011)

- PaaS – *Platform as a Service* – Plataforma como Serviço: recurso oferecido ao utilizador que deseja utilizar a *cloud* em serviços que tenham sido criados ou adquiridos pelo consumidor. O consumidor não tem acesso ao sistema operativo, segurança, redes, entre outros, mas já é possível implementar aplicações e alguma configuração de ambiente para que a aplicação funcione. (NIST, 2011)
- IaaS – *Infrastructure as a Service* – Neste modelo de serviço, o utilizador tem total liberdade para implementar um sistema operativo ou a segurança, bem como os outros aplicativos necessários para que a sua *cloud* tenha os requisitos necessários e customizados pelo consumidor. Mas, tal como nos modelos anteriores, o consumidor não controla a infraestrutura física subjacente. (NIST, 2011)

Perante o que acima foi apresentado, a computação em *cloud* possui dois grandes trunfos, o custo e a possibilidade de customização segundo o que foi contratado pelo consumidor. O custo para armazenamento e/ou processamento em *cloud* é bastante inferior ao custo de um utilizador adquirir um servidor local e armazenar os dados também localmente, com a segurança proposta pelo servidor *Cloud*. (Serqueiros *et al.*, 2020)

A *Cloud* pode ser utilizada de diversas formas, seja de forma exclusiva, pública, compartilhada, ou até mesmo utilizando diversos serviços presentes na *Cloud*. Esse processo faz com que uma opção seja feita de acordo com as necessidades, os conhecimentos técnicos e as possibilidades de investimento.

Perante tais procedimentos de aquisição, erradicação e mitigação, o tempo é um fator crucial; assim, segue-se uma breve apresentação visual de algumas modelagens de *Cloud,* também conhecidas como modelos de implantação, que podem ser resumidas como na Figura 1:

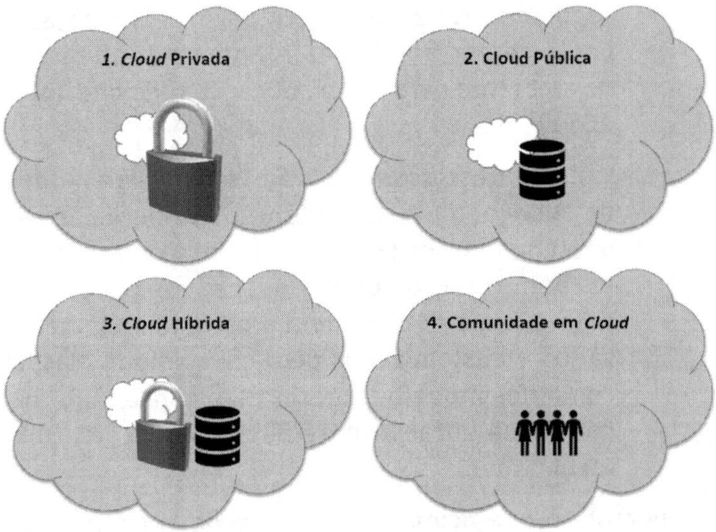

Figura 1 – Modelagem de Cloud

Adaptado. Fonte: https://nvlpubs.nist.gov/nistpubs/Legacy/SP/nistspecialpublication800-145.pdf. Acesso em: 25 jan. 2021.

Cada um dos modelos previamente citados possui as suas características, bem como custos e benefícios: (Serqueiros *et al.*, 2020)

1. *Cloud* Privada: é uma *Cloud* que pertence a uma organização, mas pode ser acessada por vários utilizadores. Desse modo, o controle e a fiabilidade

podem ser maiores, de acordo com os pré-requisitos de segurança definidos pela organização. (NIST, 2011)

2. *Cloud* Pública: é fornecida para acesso aberto e geral. Permite vários inquilinos hospedados, pelo que reduz o custo do investimento e, consequentemente, oferece menos controle sobre esse armazenamento, muito embora os procedimentos de segurança padrão do servidor já possuam alguma segurança prévia. (NIST, 2011)

3. *Cloud* Híbrida: é uma combinação de nuvens, serviços de uma *Cloud* em comunicação com os serviços de outra, e até mesmo armazenamento numa ou noutra. Permite encontrar recursos mais aprimorados de acordo com a oferta da *Cloud* e, com isso, um possível acréscimo nos requisitos de segurança e flexibilidade. (NIST, 2011)

4. Comunidade em *Cloud*: infraestrutura para utilização da comunidade de consumidores de uma organização que partilhe a mesma preocupação relacionada com a segurança e as políticas de privacidade. Permite vários consumidores hospedados, o que reduz o custo do investimento, e consequentemente oferece menos controle sobre o armazenamento, muito embora os procedimentos de segurança padrão do servidor já possuam alguma segurança prévia. (NIST, 2011)

A ISO 17788 define as características da *Cloud computing*, o que é também estabelecido pela NIST 800-145 e que pode ser mais bem apresentado na Figura 2. (ABNT NBR ISO/IEC 17788:2015, 2015)

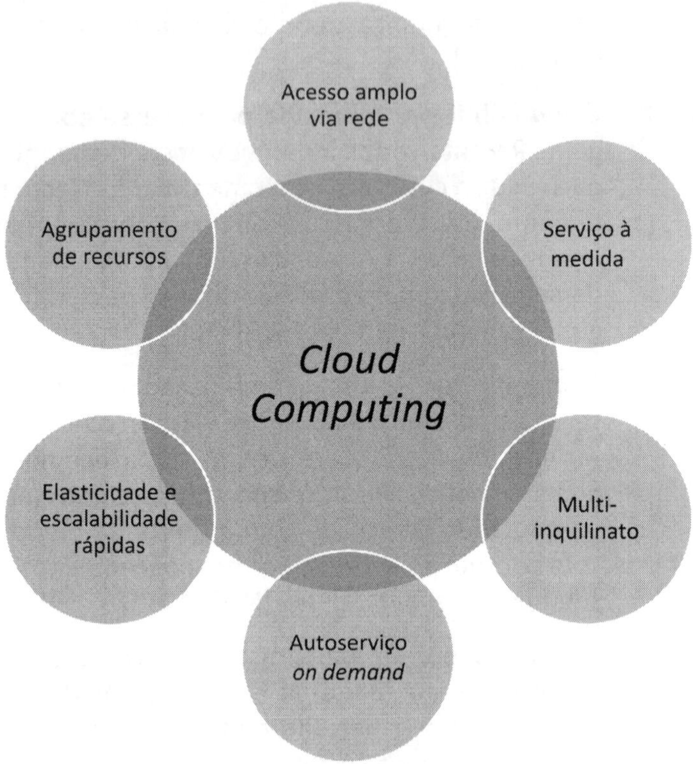

Figura 2 – Características Cloud Computing

O acesso amplo refere-se ao alto nível de conveniência, fazendo com que utilizadores possam aceder a recursos físicos e lógicos onde quer que estejam, bastando apenas ter acesso a um dispositivo que possibilite essa comunicação, normalmente um computador portátil ou *smartphone* com acesso à *Internet*.

O serviço à medida é a possibilidade de o utilizador escolher o que deseja utilizar, assim pagando apenas pela estrutura física, sistema operativo, velocidade e movimentação de dados. O serviço *on demand* é até complementar dessa característica. A escalabilidade é verdadeiramente gigantesca, visto que atualizar um aplicativo *web* poderá provocar a atualização para todos os utilizadores que a ele recorrem, de uma só vez.

A utilização de *Cloud* é cada vez mais comum nos equipamentos que surgiram na quarta revolução industrial, como os celulares e dispositivos inteligentes que utilizam a Internet das coisas, seja pela necessidade de armazenamento ou pela necessidade do poder computacional. Com as novas possibilidades proporcionadas pela *cloud*, o processo de investigação depara-se com a necessidade de se conhecer cada vez melhor as tecnologias nelas utilizadas, assim como os normativos legais envolvidos, para que a aquisição esteja em conformidade técnica e legal.

A relação entre o ciberespaço e o Direito não é algo novo, mas, perante a popularização e a massificação de produtos e serviços em *cloud*, torna-se um fato cada vez mais estudado nas suas ciberoperações (Delerue, 2020, p. 91) sendo inclusivamente objeto de pesquisa por constitucionalistas como José Joaquim Gomes Canotilho e Vital Moreira acerca da eficácia jurídica externa nas relações jurídico-privadas que ocorrem na sociedade civil global (CANOTILHO, José Joaquim Gomes; MOREIRA, Vital, 2007).

Assim, nesta investigação passaremos em seguida a enumerar as leis vigentes à luz da ordem jurídica portuguesa, brasileira e dos Estados Unidos da América, de acordo com as perspectivas dos mais recentes padrões internacionais relacionados com a segurança da informação, *Cloud* e resposta a incidentes. Por fim, serão apresentados os principais ambientes *Cloud*, assim como algumas ferramentas vocacionadas para o *Cloud Forensics*, descrevendo o seu funcionamento, aquisição e utilidade potencial.

2.1. DIPLOMAS LEGAIS DE PROTEÇÃO DE DADOS

A busca pela conformidade legal é algo com uma importância imensa, visto que qualquer procedimento forense que ultrapasse a linha ténue da legalidade poderá causar a invalidade das provas obtidas. A ACCESSDATA indica que a aquisição em *Cloud* se depara com três grandes desafios *Cloud*, e um deles são as leis internacionais, daí a importância de conhecer os principais normativos legais que respeitam à proteção de dados. (Maccherola & Albert, 2020)

Perante este cenário, serão apresentados diplomas legais envolvendo a proteção de dados em Portugal, no Brasil e nos Estados Unidos da América.

A proteção de dados em Portugal está bem enraizada na sociedade. A Lei Fundamental de Portugal, a Constituição da República de 1976, conta a Proteção de Dados entre os direitos, liberdades e garantias fundamentais, no artigo 35, mais precisamente. (Portugal. Assembleia da República, 1976)

O Regulamento 679/2016, mais conhecido como Regulamento Geral de Proteção de Dados da Europa – RGPD, e por ser um regulamento da União Europeia, tem força de lei nos estados-membros. (Parlamento Europeu e do Conselho, 2016)

O processo investigativo deve seguir padrões de tutela que asseguram às pessoas singulares a proteção dos seus dados, inclusive nas considerações prévias ao regulamento. A consideração número 6 do RGPD observa:

> A rápida evolução tecnológica e a globalização criaram novos desafios em matéria de proteção de dados pessoais. A aquisição e a partilha de

> dados pessoais registaram um aumento significativo. As novas tecnologias permitem às empresas privadas e às entidades públicas a utilização de dados pessoais numa escala sem precedentes no exercício das suas atividades. As pessoas singulares disponibilizam cada vez mais as suas informações pessoais de uma forma pública e global. As novas tecnologias transformaram a economia e a vida social e deverão contribuir para facilitar a livre **circulação de dados pessoais na União e a sua transferência para países terceiros e organizações internacionais, assegurando simultaneamente um elevado nível de proteção dos dados pessoais**. (Parlamento Europeu e do Conselho, 2016) (nosso sublinhado)

A consideração nº 6 aborda diretamente a forma como a rápida evolução tecnológica e o processo de globalização facilitam a partilha. Perante este fato, a livre circulação de dados pessoais, seja na União Europeia, seja em países terceiros ou organizações internacionais, deve ocorrer em conformidade com o elevado nível de proteção de dados pessoais. (Parlamento Europeu e do Conselho, 2016)

A lei que coloca o RGPD na ordem jurídica portuguesa é a Lei 58/2019. O seu sumário diz que ela "Assegura a execução, na ordem jurídica nacional, do Regulamento (UE) 2016/679 do Parlamento e do Conselho, de 27 de abril de 2016, relativo à proteção das pessoas singulares no que diz respeito ao tratamento de dados pessoais e à livre circulação desses dados". (Portugal. Assembleia da República, 2019)

A Lei número 59/2019 da Assembleia da República Portuguesa, por seu lado, "Aprova as regras relativas ao tratamento de dados pessoais para efeitos de prevenção, detecção, investigação ou repressão de infrações penais ou de execução de sanções penais, transpondo a Diretiva (UE) 2016/680 do Parlamento Europeu e do Conselho, de 27 de abril de 2016", vindo deste modo complementar o direito à proteção de dados, já previsto no Regulamento 679/2016.

A Diretiva EU 2016/1148 foi transposta para a ordem jurídica portuguesa pela Lei 46/2018, que no seu artigo 1º apresenta o objetivo: "A presente lei estabelece o regime jurídico da segurança do ciberespaço, transpondo a Diretiva (UE) 2016/1148, do Parlamento Europeu e do Conselho, de 6 de julho de 2016, relativa a medidas destinadas a garantir um elevado nível comum de segurança das redes e dos sistemas de informação em toda a União". (Portugal. Assembleia da República, 2018)

A Diretiva anteriormente citada comenta em vários pontos do seu texto a importância da resposta a incidentes de segurança informática e a importância de que todos os procedimentos obedeçam criteriosamente à conformidade técnica e legal, como no artigo 9, e no anexo I, o qual expressa que as equipes de resposta "devem poder participar, se assim o entenderem, em redes de cooperação internacional". (Portugal. Assembleia da República, 2018)

O Brasil é um país onde a expressão "proteção de dados" apenas assumiu uma maior importância depois da entrada em vigor do Regulamento Geral de Proteção de Dados da Europa. Embora com uma grande discrepância temporal, no Brasil o Direito à proteção aos dados pessoais, inclusive nos meios digitais, foi inserido entre o rol de direitos fundamentais dispostos no art. 5º do texto constitucional de 1988, apenas em 2022.

Em 2020 entrou em vigor a Lei 13.709/2018, Lei Geral de Proteção de Dados do Brasil, depois de passar por várias emendas originadas por normativos legais, mas também porque muitas vezes serviam apenas para aumentar a *vacatio legis*, que é o período anterior à sua entrada em vigor. No capítulo relativo à transferência internacional de dados, esta lei determina que deve existir uma maior preocupação quando os dados estiverem armazenados em países externos ao Brasil e que devem ser assegurados alguns pré-requisitos para que esses dados possam ser objeto dessa transferência internacional, entre eles, no Artigo 33, II, "c) normas corporativas globais;" e "VI - quando a transferência resultar em compromisso assumido em acordo de cooperação internacional." (Brasil, 2018)

O Artigo 33, nas alíneas citadas, apresenta o que pode ser considerado como uma hipótese de transferência de dados internacional:

> Art. 33. A transferência internacional de dados pessoais somente é permitida nos seguintes casos:
>
> III - quando a transferência for necessária para a cooperação jurídica internacional entre órgãos públicos de inteligência, de investigação e de persecução, de acordo com os instrumentos de direito internacional;
>
> VI - quando a transferência resultar em compromisso assumido em acordo de cooperação internacional; (Brasil, 2018)

Deve recordar-se que compete à ANPD "promover ações de cooperação com autoridades de proteção de dados pessoais de outros países, de natureza internacional ou transnacional", mas, previamente a esse processo de transferência, deve ocorrer a aquisição de forma adequada, para que a prova não seja posta em causa. (Brasil, 2018)

Diante dos artigos expostos, pode compreender-se a necessidade da observância das leis, o que pode ser mais bem explicado se pensarmos na seguinte situação: uma empresa portuguesa que tenha uma filial no Brasil e os servidores de *backup* nos Estados Unidos da América. Num processo de aquisição de dados numa possível resposta a um incidente de segurança da informação pela matriz, coloca-se a questão: que leis deverá esse procedimento respeitar, de modo a efetuar a transferência de dados para serem analisados pela matriz portuguesa?

Nos Estados Unidos da América, a ordem jurídica não contempla a proteção de dados sob a forma de um normativo legal, até por ser *Common Law*, de forma distinta de Portugal e o Brasil, onde ela é *Civil Law*. O sistema *Common Law* baseia-se num sistema jurídico presente em países de língua inglesa, que utilizam os precedentes criados a partir de casos jurídicos, e não através de um direito já escrito, positivado através de códigos. (Zanini, s.d.)

O direito à privacidade nos Estados Unidos ganhou força com o *Right to Privacy* de Warren e Brandeis, e alguns julgamentos subsequentes. (Warren and Brandeis, 1890) O direito à proteção de dados não está presente em todos os estados, sendo a Califórnia um dos primeiros estados a adotarem um diploma legal que tutela a proteção de dados, a The California Consumer Privacy Act of 2018 – CCPA.

A CCPA foi legislada após a exfiltração de múltiplos dados pela empresa denominada "*Cambridge Analytica*". Inclui na sua redação o seguinte ponto: "1798.105 (2) Detectar incidentes de segurança, proteger contra atividades maliciosas, enganosas, fraudulentas ou ilegais e processar os responsáveis por essa atividade."

> 1798.105 (2) Detect security incidents, protect against malicious, deceptive, fraudulent, or illegal activity; or prosecute those responsible for that activity. (California Legislative Information, 2018)

Perante o exposto, fica claro que foi um normativo direcionado para proteger os consumidores, perante terceiros que tentam a aquisição dos seus dados e efetuam algum tipo de tratamentos; sublinha ainda que a resposta a incidentes deve estar presente e que a equipe de resposta deve ser cautelosa.

A proteção de dados pessoais é uma tendência mundial que sublinha a resiliência e a sustentabilidade social; embora a CCPA seja uma lei direcionada para o estado da Califórnia, nos Estados Unidos da América existem normativos legais para esclarecer o uso legal dos dados por países terceiros, ou seja, pelo exterior, a *Clarifying Lawful Overseas Use of Data Act* – CLOUD Act. (Estados Unidos da América, 2018)

A CLOUD Act eleva a preocupação com o tratamento de dados por países terceiros, perante a privacidade e as liberdades civis dos seus cidadãos. Essa lei orienta-se pelo respeito mútuo entre governos perante os seus cidadãos e pelos acordos de cooperação internacional. Isso mesmo depreende-se de "SEC. 5. § 2523. (B) (1) a lei doméstica do governo estrangeiro, incluindo a implementação dessa lei, oferece proteções substantivas e processuais robustas para a privacidade e as liberdades civis à luz da aquisição de dados e atividades do governo estrangeiro que estarão sujeitas ao acordo [...]". (Estados Unidos da América, 2018)

> SEC. 5. § 2523. (B) (1) the domestic law of the foreign government, including the implementation of that law, affords robust substantive and procedural protections for privacy and civil liberties in light of the data collection and activities of the foreign government that will be subject to the agreement [...]. (Estados Unidos da América, 2018)

Ao analisar os dois diplomas legais, a CCPA e o CLOUD Act, apercebemo-nos que muitos textos neles presentes se encontram, com uma redação semelhante, tanto no Regulamento Geral de Proteção de Dados da Europa, como na Lei Geral de Proteção de Dados Pessoais do Brasil, embora com menor frequência neste último diploma.

2.2. NORMAS TÉCNICAS INTERNACIONAIS

As normas técnicas internacionais (em inglês, ISO – *International Organization for Standardization)* são verdadeiros guias para se atingir o grau máximo de eficiência e eficácia num determinado procedimento. Quando procuramos os requisitos das técnicas de segurança em sistemas de gestão de segurança da informação, a norma apropriada é a ISO 27001. O Código de práticas para controles de segurança da informação está presente na ISO 27002.

O objeto de investigação dessa pesquisa deve estar em *Compliance* legal, mas os procedimentos técnicos devem estar em conformidade com padrões técnicos internacionais, dos quais citaremos alguns. Entre as normas ISO relevantes, a Figura 3 destaca algumas delas:

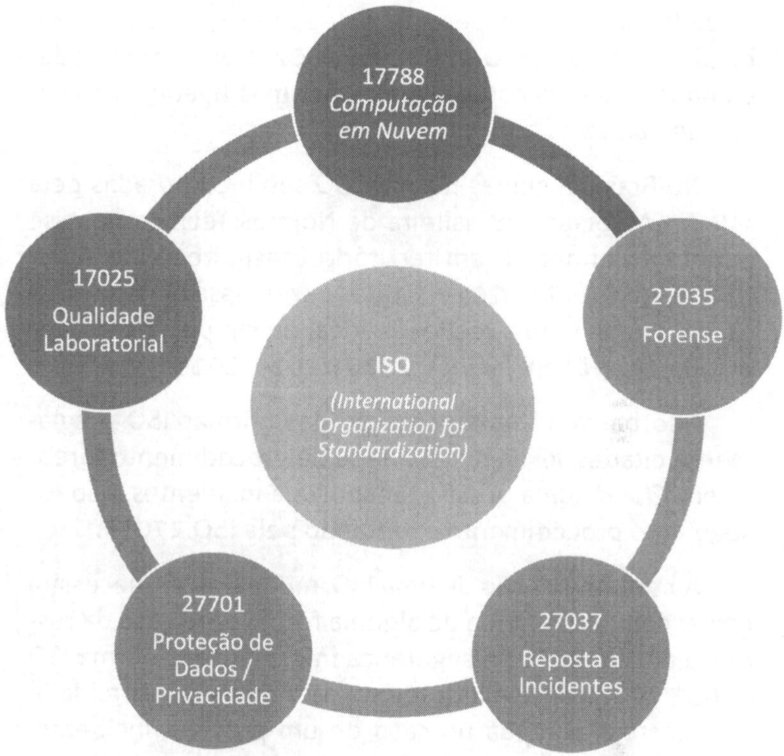

Figura 3 – ISO para Conformidade Técnica

A ênfase da investigação desse subtópico será dada a dois padrões internacionais, contidos na ISO 27701:2019, com requisitos e diretrizes técnicas de segurança para gestão de informações de privacidade. Esta norma ISO é recente e foi construída para atender à necessidade de conformidade dos normativos de proteção de dados, conseguindo atingir a finalidade do *compliance* técnico-legal tanto da LGPD e do RGPD como da CCPA e do CLOUD Act (ISO/IEC 27701:2019, 2019). Esta norma técnica foi desenvolvida para maximizar a proteção e privacidade dos dados pessoais numa organização, seja ela pública ou privada, não apenas perante os padrões que são pré-requisitos, como as ISO 27001 e 27002, mas também relacionando-os com os principais diplomas ligados à proteção de dados.

No Brasil, algumas normas ISO são incorporadas pela ABNT – Associação Brasileira de Normas Técnicas, e esse padrão é conhecido em território brasileiro como ABNT NBR ISO/IEC 27701:2019. Muitas vezes, essa norma técnica é ajustada para a realidade local ou simplesmente traduzida. (ABNT NBR ISO/IEC 27701:2019, 2019)

Não basta a implementação das normas ISO previamente citadas se, na necessidade de procedimento forense em *Cloud* numa possível resposta a incidentes, não for seguido o procedimento estipulado pela ISO 27035.

A implementação de uma ISO, muitas vezes, necessita de ser complementada de alguma forma e, no caso da resposta a incidentes de segurança informática, a norma ISO 27035:2016 contém os padrões para que a conformidade técnica seja atingida no caso de um possível incidente. (ISO/IEC 27035-1:2016, 2016)

A ISO 27035 divide-se em três partes complementares:

- PARTE 1: PRINCÍPIOS DE GESTÃO DE INCIDENTES;
- PARTE 2: DIRETRIZES PARA PLANEAR E SE PREPARAR PARA A RESPOSTA A INCIDENTES;
- PARTE 3: DIRETRIZES PARA OPERAÇÕES DE RESPOSTA A INCIDENTES DE TIC (Em Desenvolvimento).

Na resposta a um evento relacionado com um incidente de segurança da informação, a mitigação, a erradicação ou a remediação são passos essenciais.

As ciências forenses, inclusive no âmbito da *Cloud*, devem seguir o procedimento que fará com que a preservação da prova tenha êxito, de acordo, portanto, com a norma ISO 27037.

A resposta a incidentes de segurança da informação está definido numa norma técnica, de modo que esse fato ocorra em conformidade e para que a preservação da prova se faça da forma mais plena possível, até pelo motivo de que a preservação é fundamental para a validade jurídica da prova recolhida.

A preservação da prova envolve um rito técnico para que a validade jurídica seja assegurada. Esse procedimento técnico é apresentado na ISO 27037, que traz diretrizes relacionadas com a identificação, a aquisição e a preservação da prova digital. (ISO/IEC 27037:2012, 2012)

A qualidade dos laboratórios forense é objeto de questionamento, podendo fazer com que provas acabem por ser invalidadas.

O processo forense é delicado e, quando se trata de um ambiente digital, e principalmente envolvendo as possibilidades de procedimentos em dispositivos que estejam relacionados com a necessidade de aquisição que envolvam a *Cloud*, a qualidade do ambiente é essencial para que se obtenha o melhor resultado possível. (ISO/IEC 17025:2017, 2017)

Desde 2017 que os laboratórios de análise forense digital do Reino Unido precisam de estar adequados ao rigor de qualidade determinada pela ISO 17025. Perante tal cenário, é cada vez mais importante possuir um espaço que satisfaça esses pré-requisitos, com a finalidade de promover uma maior acreditação do laboratório forense. (Robert, 2018)

Em conjunto com as ISO previamente apresentadas, definições sobre a *Cloud* são apresentadas na ISO 17788, bem como na NIST 800-145. A compreensão da norma ISO 17788 é da maior importância, visto que o seu conteúdo apresenta uma visão geral sobre o que é a computação em *cloud*, assim como um conjunto de termos e definições que poderiam serem apresentados caso fosse permitido expor publicamente conteúdos de ISO e NBR que não são públicas. (ABNT NBR ISO/IEC 17788:2015, 2015)

Quando abordamos o conceito de computação em nuvem, ou *Cloud computing*, o objeto de estudo deve ter em conta as características, os modelos e a percepção, visto que, de forma escalável, o seu funcionamento depende de recursos físicos e lógicos. E tais detalhes podem ser observados de forma equivalente na NIST 800-145.

É óbvio que não há uma estrutura lógica que exista de forma independente dos equipamentos e acessórios onde ocorrem o processamento e o armazenamento dos dados, pelo menos por enquanto. Diante da necessidade de compreender a resposta a incidentes em ambientes *Cloud*, é necessário fortalecer os conceitos relacionados ao ambiente *Cloud* que podem ser encontrados na ISO.

O NIST – *National Institute of Standards and Technology* é o Instituto Nacional de Padronização e Tecnologia dos Estados Unidos da América. O NIST possui uma preocupação acrescida quando aborda as relações com fornecedores de serviços externos, por exemplo, parceiros comerciais, acordos contratuais internacionais, ou licenciamento de produtos com design fora dos Estados Unidos da América. O mesmo acontece com os produtos baseados na *Cloud*.

A norma NIST 800-53 admite que o ambiente organizacional pode tornar alguns desses pontos difíceis de tratar: (NIST, 2020)

- Definição dos fornecedores de serviços que utilizam recursos fora da competência dos Estados Unidos da América;
- Descrição de como e se esses serviços externos são protegidos, de acordo com as informações e requisitos de segurança das organizações;
- Obtenção das garantias necessárias perante a análise de risco, para que o risco decorrente do uso de serviços externos seja aceitável para as operações e ativos organizacionais, indivíduos, outras organizações e a Nação; caso não o seja, organizar a rescisão.

Quando se trata do ambiente *Cloud*, o NIST verifica se o fornecedor está a utilizar serviços externos ao país competente, se os serviços prestados por esse fornecedor estão em conformidade com os requisitos de segurança e se a organização deseja aceitar o risco ou não.

A implementação de padrões técnicos é fundamental para que se alcance a conformidade técnica e legal com base nas leis de proteção de dados, por isso deve ser-lhe dada uma maior ênfase.

2.3. FERRAMENTAS *CLOUD FORENSICS*

A perícia na informática forense em *cloud* é a parte das ciências forenses que tem por finalidade realizar investigação digital em computadores em *Cloud*. Importa recordar que, etimologicamente, o termo "forense" significa "fórum" ou "foro, local". (Crispino Fe Houck MM, 2013, pp. 278-281)

Antes de apresentar as ferramentas concebida especificamente para o procedimento de aquisição forense na *Cloud*, é necessário conhecer os principais fornecedores de serviços em *cloud*, entre eles a Microsoft, a Google, o Facebook, a Amazon, a Oracle, a Dropbox e a Apple, bem como os artefatos em *cloud* que serão objeto de aquisição.

Para isso, um investigador deve saber onde e como encontrar e recolher artefatos com base numa combinação do tipo de arquivo, por exemplo, do Microsoft Office, Google Docs, máquinas virtuais, bases de dados, *buckets*, entre outros. Esses aplicativos são projetados para interagir com o armazenamento em *cloud* e dão origem a artefatos como entradas de registro, arquivos de *log* específicos e pastas criadas nos computadores (CHEN, Lei; TAKABI, Hassan; LE-KHAC, Nhien-An, 2019, p. 264). Assim, é de grande importância conhecer as ferramentas que procuram realizar a aquisição de artefatos em forense em *cloud* da forma mais eficiente.

Alguns artefatos das atividades de armazenamento em *cloud* também podem ser encontrados na pasta do utilizador AppData (CHEN, Lei; TAKABI, Hassan; LE-KHAC, Nhien-An, 2019), mas como o objeto de pesquisa é a forense em *cloud*, a análise dessa pasta não será abordada.

Embora o crescimento dos dados tenha sido identificado como uma preocupação primária (CHEN, Lei; TAKABI, Hassan; LE-KHAC, Nhien-An, 2019), o processo de aquisição e identificação de artefatos torna-se um desafio cada vez maior, ao incluir conteúdo da caixa de *e-mail*, unidades de armazenamento, *logs* de eventos ou dados de aplicativos de mensagem instantânea, entre outros.

O procedimento de aquisição em *Cloud* ocorre quando há a necessidade de investigar o conteúdo presente na *cloud.* Nesta escrita, apresentamos em seguida algumas das ferramentas para efetuar a aquisição e a análise em *Cloud Forensics.*

No estado da arte será feita a comparação entre as informações que ferramentas ofertaram, já no capítulo sobre a conformidade técnica, tratará as suas eficiências, e eficácia na aquisição de artefatos. O seu sucesso relativo será apresentado sob a forma de uma tabela.

As ferramentas selecionadas para os testes com base no que estava apresentado nos sítios eletrônicos foram:

- MSAB XRY *Cloud;*
- Evidence Center Belkasoft;
- E3:DS da Paraben Corporation;
- Evidence Center Belkasoft X;
- Magnet AXIOM Cloud Capabilities;
- Celebrite UFED *Cloud.*

A seleção foi realizada com base no que estava proposto nos sítios eletrônicos de cada ferramenta, que foi transposto para a Tabela 1, a seguir. As células em cinza escuro, são as possibilidades de artefatos informados pela empresa da ferramenta como possibilidade para aquisição.

Ferramenta Artefatos	MSAB XRY *Cloud*	Evidence Center Belkasoft	Paraben E3	Evidence Center Belkasoft X	Magnet Axiom *Cloud* Capabilities	Cellebrite UFED *Cloud*
Dropbox	■				■	■
Facebook	■		■		■	■
Twitter	■		■		■	■
Google	■	■	■	■	■	■
iCloud	■	■		■	■	■
Snapchat	■				■	■
E-mails		■		■	■	■
Instagram		■		■	■	■
WhatsApp		■		■	■	■
Amazon Alexa			■			
Office365			■		■	■
G-Suite			■	■	■	■
Slack			■		■	■

Tabela 1 – Funcionalidades oferecidas pelas ferramentas

Cabe lembrar que será solicitado de cada empresa, através do sítio eletrônico, alguma chave de acesso para a ferramenta, para que os testes sejam realizados.

2.4. HIPÓTESE DE INVESTIGAÇÃO

De acordo com o atual estado da arte dos procedimentos, técnicas e legalidade para aquisição de dados na *Cloud* é possível determinar a hipótese de investigação que a seguir se apresenta.

As relações sociais têm vindo a transformar-se cada vez mais, perante fatores como a popularização do ciberespaço, a globalização e as novas possibilidades proporcionadas pelo crescimento tecnológico. Essa situação cria um cenário catalisador para o advento da transformação digital.

A popularização dos computadores e da *Internet* faz com que o espaço cibernético esteja presente na vida da maioria das pessoas do planeta, principalmente através da acessibilidade permitida pelos *smartphones*. As pessoas utilizam esse computador de mão denominado *smartphone*, que muitas vezes tem um poder de processamento e de armazenamento superior a alguns computadores.

A realização de procedimentos forenses em *Cloud* tem como principal desafio a possibilidade da aquisição física pelo consumidor, pois depende dos sistemas de *Cloud*; muitas vezes, o procedimento exige o acesso ao equipamento físico ou que, pelo menos, seja realizado pelo próprio fornecedor do serviço em *cloud*. (MANRAL, Bharat, *et al.*, 2019)

É muito importante compreender os desafios de uma aquisição forense em ambiente *Cloud*, devido tanto aos procedimentos de segurança informática perante um possível ilícito ou, por outras palavras, um cibercrime, como à conformidade em relação às leis de proteção de dados, tanto em Portugal como no Brasil, assim como nos Estados Unidos da América, cada um com a sua regulação.

Os diplomas legais trazem através da regulação social, o dever relacionado também ao processamento de dados, tendo como base os princípios e fundamentos, assim, em relação ao tratamento técnico relacionado a informática forense, torna-se necessário que as técnicas estejam plenamente alinhadas com o direito.

Para além de estar em conformidade com os normativos legais, é da maior importância realizar os procedimentos de acordo com os padrões técnicos internacionais, o que promove a máxima eficiência no processo de resposta a incidentes de segurança da informação, tanto na eficácia da aquisição como na preservação da evidência.

Uma investigação no âmbito do NISTIR 8006, envolvendo vários investigadores, suscitou vários desafios na abordagem ao *Cloud Forensics*. (NISTIR 8006, 2020). O maior desses desafios corresponde, assim, à hipótese de investigação deste escrito:

> **"Como poderão os profissionais da investigação em *Cloud Forensics* ser eficazes, com o máximo de eficiência e em conformidade técnica informática e jurídica, num procedimento forense em *Cloud*?"**

3

CLOUD FORENSICS

Neste capítulo será apresentado o que são as ciências forenses, assim como alguns procedimentos para se realizar o *Cloud Forensics*. Os procedimentos de aquisição em *Cloud* devem respeitar legislações vigentes em diversos âmbitos, e esse cenário será exemplificado através do respeito pelos procedimentos, de acordo com padrões técnicos internacionais.

A apresentação da perícia forense em *Cloud* deve ter, como contexto inicial, a explicação do que são as ciências forenses. O termo "forense" tem uma origem latina, significando "fórum" ou "foro". Era originalmente utilizado para identificar sítios ou zonas da Roma antiga onde se tratavam questões públicas, como debates do governo ou julgamentos. (Crispino Fe Houck MM, 2013, pp. 278-281)

O termo "forense" entrou no vocabulário inglês em 1659 e o seu conceito limitava-se à área da investigação criminal. Pode ser entendido como Ciências Forenses, ou como parte das Ciências do Direito, com destaque para o Direito Penal, até porque é comum que o Forense esteja relacionado com o crime, muito embora possa ter caráter científico, cível e social. (Crispino Fe Houck MM, 2013)

As Ciências Forenses são cada vez mais instrumentais e necessárias perante os avanços científico-tecnológicos, sociais e legais; elas surgem a partir de uma realidade onde o ciberespaço assume uma enorme presença na sociedade e, desse modo, dão origem a novos derivados, como a informática forense, que se aplica às novas tecnologias de comunicação.

A informática forense, por seu lado, poderá dar origem a outras nomenclaturas, como a computação forense ou o forense digital, que alguma doutrina entende como similares e outra como sendo de gêneros e espécies distintas.

A análise forense em *Cloud* abrange a investigação forense em vários componentes dentro da infraestrutura do fornecedor *Cloud*. Deverá cobrir toda a comunicação dentro da *Cloud* entre vários componentes, tanto de *hardware* como de *software*. (Qiao Yan, F. Richard Yu, QingxiangGong e Jianqiang Li, 2016)

O conteúdo da *cloud* pode variar, desde uma única rede de *datacenter* à rede de vários *datacenters*, podendo estar distribuídos geograficamente em qualquer sítio do mundo e ainda assim conectados através de WANs de alta velocidade que utilizam redes virtuais privadas. (Qiao Yan, F. Richard Yu, QingxiangGong e Jianqiang Li, 2016)

Em *Cloud*, a virtualização desempenha um papel significativo, ao permitir que os fornecedores do serviço tratem a computação, armazenamento, processamento e rede como um leque de recursos oferecidos dinamicamente.

Conforme já dito anteriormente, os principais fornecedores de serviços em *cloud*, como a Microsoft, a Amazon e a Google, já possuem uma infraestrutura de rede baseada em SDN para criar redes públicas, privadas e híbridas. A Amazon fornece isolamento de rede por meio da sua *Virtual Private Cloud* (VPC), um exemplo de *software* que trabalha no topo da estrutura de *hardware*. O SDN é uma tecnologia emergente e serve como solução para combater vários ataques de segurança, incluindo ataques de inundação DDoS e TCP SYN. (Qiao Yan, F. Richard Yu, QingxiangGong e Jianqiang Li, 2016)

Será cada vez mais comum a realização de procedimentos utilizando o ambiente *Cloud*, visto que, segundo o exposto, no topo dos vetores de ataque estão as plataformas *web*.

3.1. DESAFIOS

As ciências forenses envolvem diretamente o procedimento interdisciplinar. Quando se trata de procedimentos forenses digitais, o cenário torna-se cada vez mais vasto, dada a comunicação direta e transversal entre ciências, como as jurídicas, tecnológicas e de gestão e governança.

No âmbito do forense digital com o forense em *cloud*, o grau de dificuldade é ainda mais alto, visto que é comum envolver a relação entre Estados distintos e a sua soberania territorial.

Perante questões tão delicadas, a busca por conhecimento é incansável e ainda assim deve ser permanente, pois o conhecimento dos diplomas legais de alguns países é essencial para que a preservação da prova ocorra da maneira mais plena possível, até para garantir que as provas forenses são recolhidas e preservadas com eficácia e eficiência.

Perante a necessidade de conseguir a preservação da aquisição forense, numa possível resposta a um incidente de segurança informática, o melhor mecanismo é a prevenção, como o *Forense as a Service*, para análise prévia, por exemplo, dos *logs*. Assim deve procurar-se o máximo de *Compliance* Técnico e Legal.

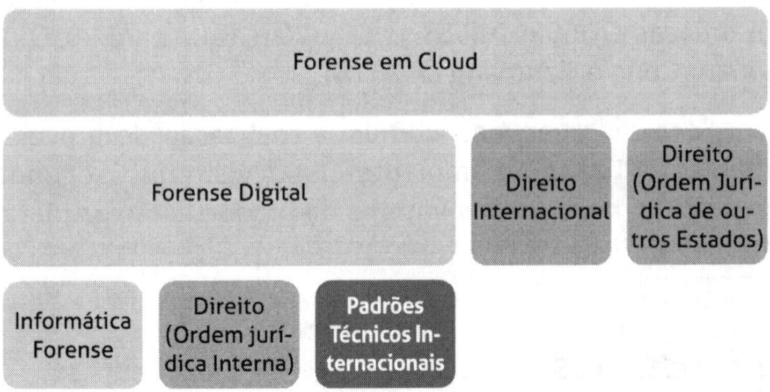

Figura 4 – Grau de Complexidade – Composição

Percebe-se assim o grau de composição e complexidade para que a forense em *cloud* seja realizada. Ainda assim, importa recordar que, para a implementação de normas, é necessário conhecimento relacionado tanto com a governança como com a gestão da tecnologia de informação.

O NISTIR 8006 – NIST *Cloud Computing Forensic Science Challenges*, categorizou desta forma os desafios do forense em *cloud* perante uma situação de resposta a incidentes de segurança informática (NISTIR 8006, 2020):

Arquitetura	Por exemplo, diversidade, complexidade, **extraterritorialidade** e fornecimento
Aquisição de dados	Integridade, credenciais de acesso, extraterritorialidade, *snapshot*, **acesso ilegítimo** e *data carving*
Análise	Correlação, comparação, *timestamp* e linha de tempo
Anti-forense	Ofuscação, cifragem e ocultação
Resposta a incidentes	Fiabilidade do fornecedor, tempo de resposta e reconstrução do ambiente
Gestão	Identificação do proprietário dos dados, identidade, credenciais de acesso, triagem e *live Forensics* na máquina em *Cloud*.
Legal	Leis, processo, competência territorial, contratos, intimações, autorizações, cooperação, privacidade e proteção de dados
Padrões	**Ausência de padrões** de interoperabilidade dos servidores em *cloud*, falta de ferramentas com maior eficiência e eficácia
Capacitação	E por consequência, menor capacitação de equipes, conhecimento limitado para investigadores e instrutores

Tabela 2 – Tabela de Desafios
Fonte: (NISTIR 8006, 2020) (nosso sublinhado)

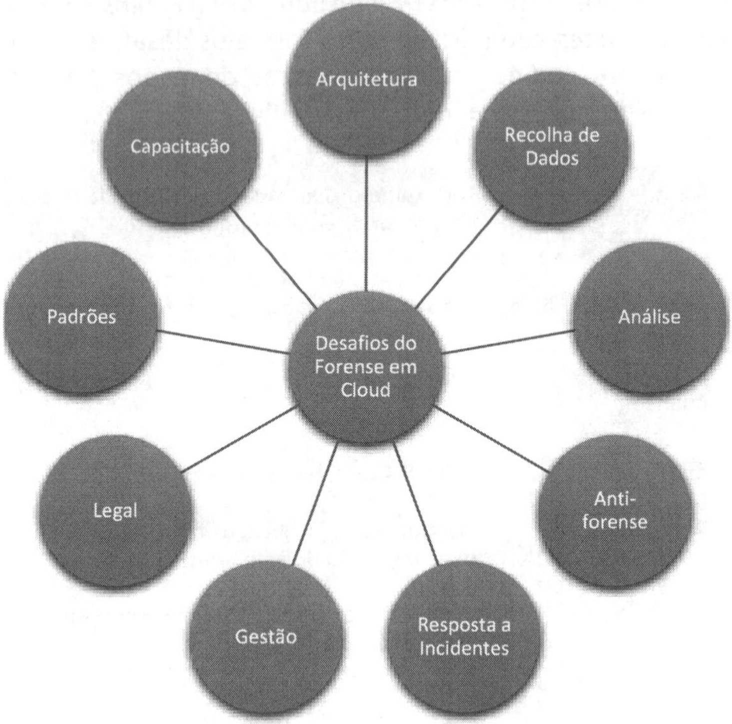

Figura 5 – Resumo dos Desafios do Cloud Forensics
(NISTIR 8006, 2020)

Perante os desafios expostos, fica claro que o cenário que envolve o forense em *cloud* ainda é um território que precisa evoluir, não devido à falta de vontade, mas principalmente pela necessidade de criação de padrões internacionais de interoperabilidade, para que o serviço em *Cloud* possa passar por um procedimento forense de uma forma mais eficiente e, também, aumentando o nível de eficácia.

Na tabela 2 vemos alguns termos sublinhados: extraterritorialidade, legal, acesso ilegítimo e ausência de padrões. Sem menosprezar a importância dos restantes desafios, os sublinhados estão intrinsecamente relacionados com esta investigação, pois a extraterritorialidade faz com que a competência de investigação ultrapasse os limites da soberania do Estado, fazendo com que possa ocorrer um acesso ilegítimo e, consequentemente, violando o princípio constitucional da legalidade.

A ausência de padrões e o surgimento de novos produtos e serviços tecnológicos baseados na informática faz com que o processo de interoperabilidade fique defasado, mesmo sendo cada vez mais necessário para a eficácia ou eficiência da investigação.

As aplicações procuram a segurança e é comum atualizarem as suas estruturas de base de dados e de comunicações, e esse processo faz com que as ferramentas para aquisição em *Cloud* percam facilmente a sua eficácia plena diante do que ofertam, tornando-se ineficientes, ou até mesmo ineficazes.

Esses desafios estão presentes nas instituições públicas ou privadas, nas primeiras em investigação policial, nas segundas em investigação corporativa para supervisionar algum possível tratamento irregular de dados, ou qualquer outra eventualidade. Veja-se, a seguir, alguns aspectos relevantes na resposta a incidentes de segurança informática.

3.2. RESPOSTA A INCIDENTES DE SEGURANÇA INFORMÁTICA

A resposta a incidentes de segurança da informação exige que o processo de aquisição forense ocorra, para que determinado fato seja erradicado e posteriormente analisado com vista à sua mitigação ou, pelo menos, à minimização do seu risco e/ou impacto numa situação equivalente posterior.

"Incidente" significa evento inesperado, que poderá alterar a normalidade das políticas, processos ou ativos relacionados com a segurança informática. Tal exige, então, a habilidade para analisar a melhor forma de realização, por exemplo, a exfiltração de dados recolhidos por acesso indevido à rede, um *ransomware*, o furto de um dispositivo que possua ativos sensíveis, ou até mesmo um incêndio.

Perante um ataque eventualmente mais danoso e massivo, no âmbito organizacional é muito importante correlacionar o ocorrido em pontos distintos da rede, associando as informações obtidas de forma a conseguir o máximo de conhecimento possível para a erradicação e mitigação.

É evidente que os procedimentos de resposta a incidentes de segurança em âmbito público e privado são distintos; o primeiro ocorre por determinação judicial e o segundo devido a políticas internas de resposta. Assim, deve ficar claro quando um incidente de segurança é abordado sob a perspectiva de uma solicitação pública ou privada.

A documentação da evidência é fundamental para que o procedimento de investigação obtenha o máximo de sucesso possível.

4

CONFORMIDADE LEGAL

O *compliance* legal está diretamente relacionado com a realização dos procedimentos técnicos, que devem obedecer plenamente aos diplomas legais dos estados envolvidos e que dizem respeito, por exemplo, a uma pessoa coletiva de Portugal, uma pessoa coletiva do Brasil e a um armazenamento em *Cloud* que utiliza um servidor localizado nos Estados Unidos da América. Será este o cenário criado para se perceber melhor essa conformidade legal.

Um Estado, um país, não pode interferir na soberania de outro. O Tratado de Vestfália é um marco da igualdade entre os Estados, que determina que um não se pode sobrepor ao outro, sendo necessário o respeito mútuo (ARAÚJO, Valter Shuenquener, 2016, p. 1). Esta explicação pode ser entendida como um desafio para um procedimento em

Cloud que seja transfronteiriço, sendo comum a extraterritorialidade.

4.1. TEORIA PENTADIMENSIONAL DO DIREITO (FATO-VALOR-NORMA-TEMPO-ESPAÇO)

José Joaquim Gomes Canotilho e Vital Moreira, ao abordarem o *Cyber-Drittwirkung*, que trata da eficácia dos direitos, liberdades e garantias nas relações jurídico-privadas desenvolvidas por meio da *Internet* (CANOTILHO, José Joaquim Gomes; MOREIRA, Vital, 2007, p. 387), manifestam a sua preocupação sobre como se poderá estender a "eficácia externa" desses mesmos direitos, liberdades e garantias. A esse respeito, veja-se o comentário dos autores citados:

> A eficácia dos direitos fundamentais nas relações jurídico-privadas deverá colocar-se hoje também a nível da "sociedade civil global" e do "Estado-rede". A existência de uma espécie de "soberania do ciberespaço" coloca com acuidade a questão de saber se e como se poderá estender a "eficácia externa" dos direitos, liberdades e garantias aos novos entes soberanos. Além disso, passa também a questionar-se a forma como as instâncias políticas (nacionais e internacionais) podem e devem impor a certas entidades privadas a observância dos direitos fundamentais (ex,: imposição a um *lost provider* comercial que possibilite ao *content provider* em rede o acesso a websites de pornografia e propaganda nazi), Nesta perspectiva poderá discutir-se, por ex, a Cyber-Drittwirkung ou eficácia jurídica dos direitos, liberdades e garantias nas relações jurídico-privadas desenvolvidas por meio da Internet, Os conhecidos casos

> do portal Yahoo em França (venda de objectos relativos ao regime nazi e ao nazismo) e da divulgação, via Internet, do livro do Presidente Mitterrand, feito pelo seu médico particular, demonstram que a chamada "vinculação pública e privada" através dos direitos fundamentais obedecerá mais a urna lógica regulatória do que a um comando imposto através do Estado. (CANOTILHO, José Joaquim Gomes; MOREIRA, Vital, 2007, p. 387)

Depreende-se que estes autores apresentam a sociedade conectada à *Internet* como uma "Sociedade Civil Global", formando um "Estado-rede" com uma força tão grande que suscita a questão da "soberania do ciberespaço", lembrando que não se trata de uma soberania imposta pelo Tratado de Vestfália, mas em âmbito de força.

Quanto mais "tecnológica" a sociedade civil global se torna, maior a necessidade de uma eficácia jurídica externa, sendo necessária uma vinculação público-privada que envolva Estados e pessoas.

Com base no exposto, o Direito positivado é o que está inscrito na ordem jurídica de um Estado, formando assim leis e decretos, bem como os regulamentos e diretivas dos países pertencentes à União Europeia. Segundo Miguel Reale, as leis baseiam-se na teoria tridimensional do Direito: fato, valor e norma (Reale, 2001). Um fato que apresenta um determinado valor social dá origem a sentenças e acórdãos, até ao ponto de ser integrado nos diplomas legais de um Estado.

O cenário promovido pelo ciberespaço não limita fronteiras territoriais; daí, a Teoria Pentadimensional do Direito que envolve o fato, valor, norma, espaço e tempo. (Oliveiros Litrento [APUD Villanova], 1982, p. 10). Veja-se o seguinte esquema :

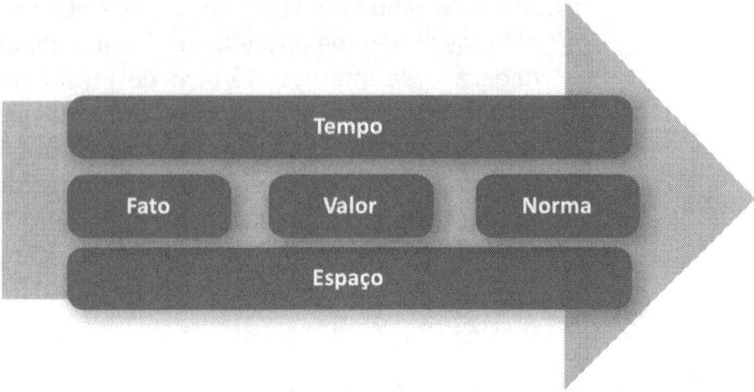

Figura 6 – Teoria Pentadimensional do Direito

Parece haver uma aceitação alargada da Teoria Pentadimensional do Direito em novas publicações, tanto no Brasil como em Portugal, estando presente na obra "Proteção de Dados e *Compliance* Digital". (Lóssio, 2021)

Devemos concordar que o tempo, no ciberespaço, é uma distinção que pertence ao mundo material. A mesma questão pode ser colocada em relação ao espaço, pois, conforme já referido, a soberania do ciberespaço é evidente, assim como é aparente a ausência de reconhecimento das fronteiras entre Estados. Ele aplica-se à *Cloud*.

Pedro Verdelho afirma: "o mundo virtual é deslocado, apenas sendo possível considerá-lo de uma forma abrangente, à escala planetária" (Verdelho, 2005). Mais um fato que evidencia o que já fora previamente exposto, o *Cyber-Drittwirkung*.

A validade da teoria pentadimensional é assim reforçada, perante as posições tanto de José Joaquim Gomes Canotilho e Vital Moreira como também de Pedro Verdelho.

Para explicar melhor: percebe-se no Regulamento Geral de Proteção de Dados a importância dada às CSIRT – *Computer Security Incident Response Teams* [Equipes de Resposta a Incidentes no domínio da Segurança Informática], no seu artigo 49, sublinhando que o tratamento de dados pessoais deve ocorrer apenas como medida estritamente necessária para assegurar a segurança da rede perante eventos acidentais ou incidentes que comprometam os princípios da disponibilidade, integridade e confidencialidade[1], não podendo então provocar acesso ilegítimo, como numa *Cloud* por exemplo.

A Diretiva (UE) 2016/1148, do Parlamento Europeu e do Conselho, de 6 de julho de 2016, estabelece o regime jurídico da segurança do ciberespaço, relativa a medidas destinadas a garantir um elevado nível comum de segurança das redes e dos sistemas de informação em toda a União (Parlamento Europeu e do Conselho, 2016), o que inclui a preservação da soberania interna do Estado com a transposição da diretiva.

---

1 Considerações (49). Regulamento UE 679/2016. "O tratamento de dados pessoais, na medida estritamente necessária e proporcionada para assegurar a segurança da rede e das informações, ou seja, a capacidade de uma rede ou de um sistema informático de resistir, com um dado nível de confiança, a eventos acidentais ou a ações maliciosas ou ilícitas que comprometam a disponibilidade, a autenticidade, a integridade e a confidencialidade dos dados pessoais conservados ou transmitidos, bem como a segurança dos serviços conexos oferecidos ou acessíveis através destas redes e sistemas, pelas autoridades públicas, equipas de intervenção em caso de emergências informáticas (CERT), equipas de resposta a incidentes no domínio da segurança informática (CSIRT), fornecedores ou redes de serviços de comunicações eletrónicas e por fornecedores de tecnologias e serviços de segurança, constitui um interesse legítimo do responsável pelo tratamento. Pode ser esse o caso quando o tratamento vise, por exemplo, impedir o acesso não autorizado a redes de comunicações eletrónicas e a distribuição de códigos maliciosos e pôr termo a ataques de «negação de serviço» e a danos causados aos sistemas de comunicações informáticas e eletrónicas."

Ainda em busca de fundamentar uma tal teoria do fato-valor-norma-tempo-espaço, o objetivo de pesquisa sistemática sobre os desafios forenses em *cloud* será "obter um desempenho aprimorado em termos de tempo e espaço".

Assim, determina-se uma evidente evolução teórica do caminho para a formação de uma norma legal, a teoria pentadimensional, visto que o tempo e espaço são fundamentais para se ter êxito na resposta a um incidente cujo objeto de aquisição está presente numa *Cloud*.

As normas técnicas internacionais, bem como os desafios para a realização do forense em *Cloud* apresentados previamente, são de instituições de renome e credibilidade internacional como NIST, INTERPOL e ISO. Entre os principais desafios, conta-se a preocupação com o tratamento adequado dos dados quando se opera num ambiente legal internacional.

Neste cenário, qualquer processo que necessite da conformidade no tratamento de dados pessoais deve obedecer ao Regulamento Geral de Proteção de Dados, e demais diplomas de cada Estado da UE que regule sobre tratamento de dados pessoais, assim também como em cada Estado fora da UE que regule sobre dados. Entre esses processos, conta-se o processo de resposta a incidentes de segurança da informação em ambientes corporativos. Vejamos então como os Diplomas legais de cooperação colaboram com a eficácia externa.

4.2. DIPLOMAS DE COOPERAÇÃO INTERNACIONAL

Em Portugal, a Lei 144/99 da República Portuguesa corresponde à Lei da Cooperação Internacional em

Matéria Penal. Esse diploma também contempla a obtenção de provas e a perícia nas suas disposições gerais, mais precisamente no seu Artigo 145:

> Princípio e âmbito
>
> 1 - O auxílio compreende a comunicação de informações, de atos processuais e de outros atos públicos admitidos pelo direito português, quando se afigurarem necessários à realização das finalidades do processo, bem como os atos necessários à apreensão ou à recuperação de instrumentos, objectos ou produtos da infracção.
>
> 2 - O auxílio compreende, nomeadamente:
>
> a) A notificação de atos e entrega de documentos;
>
> b) A obtenção de meios de prova;
>
> c) As revistas, buscas, apreensões, exames e perícias. (Portugal, 1999)

Esse acordo internacional exige o princípio da reciprocidade entre Estados, o que igualmente se infere no Artigo 50º do Regulamento 679/2016:

> Artigo 50º - Cooperação internacional no domínio da proteção de dados pessoais
>
> Em relação a países terceiros e a organizações internacionais, a Comissão e as autoridades de controlo tomam as medidas necessárias para:
>
> b) **Prestar assistência mútua a nível internacional** no domínio da aplicação da legislação relativa à proteção de dados pessoais, nomeadamente através da notificação, comunicação de reclamações, **e assistência na investigação**

> **e intercâmbio de informações**, sob reserva das garantias adequadas de proteção dos dados pessoais e de outros direitos e liberdades fundamentais. (sublinhados nossos)

Por seu lado, o artigo 61º, 2, versa sobre a assistência mútua, assim como a transmissão de informações úteis sobre a condição de uma investigação.

> 2. As autoridades de controlo tomam todas as medidas adequadas que forem necessárias para responder a um pedido de outra autoridade de controlo sem demora injustificada e, o mais tardar, um mês após a receção do pedido. **Essas medidas podem incluir, particularmente, a transmissão de informações úteis sobre a condução de uma investigação**. (sublinhado nosso)

No Brasil, o Decreto 1.320/1994 promulga o tratado de auxílio mútuo em matéria penal, entre o Governo da República Federativa do Brasil e o Governo da República Portuguesa. (Brasil, 1994). Aí, o acordo de cooperação entre estados estipula as condições para a presença de peritos numa causa, bem como sobre a confidencialidade das provas obtidas.

Já o Decreto 3.810 "Promulga o Acordo de Assistência Judiciária em Matéria Penal entre o Governo da República Federativa do Brasil e o Governo dos Estados Unidos da América, celebrado em Brasília, em 14 de outubro de 1997, corrigido em sua versão em português, por troca de Notas, em 15 de fevereiro de 2001", também conhecido como MLAT – *Mutual Legal Assistance Treaty.* (Brasil, 2001)

Perante o exposto, vemos que o Brasil mantém relações de cooperação mútua em matéria penal com Portugal e os Estados Unidos da América.

A INTERPOL – *International Police* estabelece no seu guia de práticas forenses alguns aspectos da maior relevância para a minimização dos desafios legais. (INTERPOL, 2019)

A cooperação entre Estados deve ser incentivada e é fundamental para o aperfeiçoamento das melhores práticas de desenvolvimento forense num cenário cada vez mais globalizado. (INTERPOL, 2019)

O cenário da inovação em termos tecnológicos faz com que as leis necessariamente evoluam (INTERPOL, 2019). Este cenário foi já apresentado, ao abordarmos a Teoria Pentadimensional do Direito: fato, valor, norma, tempo e espaço.

Do mesmo modo, o documento *Global Guidelines for Digital Forensics Laboratories* destina-se aos Estados-membros da Interpol e contém normas para que as provas digitais produzidas pelo *Digital Forensics Laboratory* – DFL sejam admissíveis pelos tribunais dos Estados-membros, fortalecendo o cunho de padronização e cooperação.

Com tudo o que acima foi dito, percebe-se uma forte necessidade de cooperação por parte dos Estados para que a investigação criminal ocorra da forma mais eficiente e eficaz possível.

É uma tendência atual que as organizações internacionais promovam cada vez mais esse estatuto de cooperação; da mesma forma, também se procura que os Estados se tornem membros de tratados que privilegiem o cooperativismo e o comunitarismo, principalmente em termos de investigação e da tutela acerca de processamento/tratamento de dados.

Já há países que, em determinados casos, podem violar a soberania externa para a investigação interna de um crime. Veja-se, a título de exemplo, o caso do *Code d'instruction Criminalle.*

4.3. *CODE D'INSTRUCTION CRIMINALLE*

A Bélgica encontrou uma solução alternativa para a problemática da competência jurisdicional, perante a dificuldade em efetuar a investigação em território local respeitando a soberania de Estados terceiros.

> Art. 88. O juiz de instrução poderá estender a busca em sistema informatizado ou parte dele, iniciada com base no artigo 39, a sistema informatizado ou parte dele localizado em local diferente daquele onde é realizada a pesquisa: (JUSTEL – Législation consolidée, 2020)[2]

---

2. Le juge d'instruction peut étendre la recherche dans un système informatique ou une partie de celui-ci, entamée sur la base de l'article 39bis, vers un système informatique ou une partie de celui-ci qui se trouve dans un autre lieu que celui où la recherche est effectuée:
   - si cette extension est nécessaire pour la manifestation de la vérité à l'égard de l'infration qui fait l'objet de la recherche; et
   - si d'autres mesures seraient disproportionnées, ou s'il existe un risque que, sans cette extension, des éléments de preuve soient perdus.

   L'extension de la recherche dans un système informatique ne peut pas excéder les systèmes informatiques ou les parties de tels systèmes auxquels les personnes autorisées à utiliser le système informatique qui fait l'objet de la mesure ont spécifiquement accès.

   En ce qui concerne les données recueillies par l'extension de la recherche dans un système informatique, qui sont utiles pour les mêmes finalités que celles prévues pour la saisie, les règles prévues à l'article 39bis, § 6 s'appliquent.

- se essa extensão for necessária para a manifestação da verdade sobre o crime que é objeto da pesquisa; e

- se outras medidas forem desproporcionadas ou se existir o risco de, sem esta extensão, as provas se perderem.

A extensão da investigação em sistema informático não pode ultrapassar os sistemas informáticos ou partes desses sistemas aos quais as pessoas autorizadas a utilizar o sistema informático objeto da medida têm acesso específico.

No que diz respeito aos dados recolhidos por extensão da pesquisa em sistema informático, úteis para os mesmos fins que os previstos para a apreensão, aplicam-se as regras previstas no artigo 39.º-A, n.º 6.

Descobrir que esses dados não estão no território do Reino, eles só podem ser copiados. Nesse caso, o juiz de instrução comunica sem demora essa informação ao Ministério Público Federal, que o comunica às autoridades competentes do Estado em questão, se for razoavelmente determinado.

Em casos de extrema urgência, o juiz de instrução pode ordenar verbalmente o alargamento da busca a que se refere o n.º 1. Este despacho é

Lorsqu'il s'avère que ces données ne se trouvent pas sur le territoire du Royaume, elles peuvent seulement être copiées. Dans ce cas, le juge d'instruction communique sans délai cette information au Service public fédéral Justice, qui en informe les autorités compétentes de l'état concerné, si celui-ci peut raisonnablement être déterminé.

En cas d'extrême urgence, le juge d'instruction peut ordonner verbalement l'extension de la recherche visée à l'alinéa 1er. Cet ordre est confirmé par écrit dans les meilleurs délais, avec mention des motifs de l'extrême urgence.

> confirmado por escrito com a maior brevidade possível, com menção dos motivos da extrema urgência.

Mesmo sendo um diploma legal publicado inicialmente em 1808, este sofreu diversas atualizações; a de 18 de maio de 2020 ainda contém o texto apresentado acima.

É importante analisar o referido código de instrução criminal, pois este, mesmo não oferecendo nada de novo, fortalece os preceitos de investigação quando se trata da *cloud*, obedecendo a alguns princípios relacionados com a soberania interna do país, *in verbis*:

- "se essa extensão for necessária para a manifestação da verdade sobre o crime que é objeto da pesquisa; e
- se outras medidas forem desproporcionadas ou se existir o risco de, sem esta extensão, as provas se perderem." (JUSTEL – Législation consolidée, 2020)

4.4. TRANSFERÊNCIA INTERNACIONAL DE DADOS

A transferência internacional de dados é um desafio, visto que há um cruzamento de fronteiras, mas ainda assim há pré-requisitos para que ela suceda em conformidade. Recordamos que, conforme anteriormente citado, estão em vigor acordos internacionais entre diversos países; Brasil, Estados Unidos e Portugal possuem acordos para investigações de natureza criminal.

Ainda assim, importa compreender que tanto o Regulamento Geral de Proteção de Dados da Europa como a Lei Geral de Proteção de Dados do Brasil incluem na sua redação a transferência de dados internacionais, que pode ocorrer em caso de prévia existência de acordo de cooperação, investigação, segurança pública, entre outros.

4.5. ACESSO LEGÍTIMO

Para realizar uma análise forense, seja no âmbito privado ou público e perante uma determinação judicial, o perito tem o intuito de recolher as evidências para a produção de um relatório e para que a prova seja preservada da forma mais incontestável possível.

A prova tecnicamente incontestável é o resultado de uma série de procedimentos técnicos que devem obedecer plenamente ao que está proposto pelo Código Penal, tanto brasileiro como português, bem como pela Lei do Cibercrime. O acesso legítimo é necessário para qualquer procedimento de resposta a incidentes de segurança da informação.

Até que ponto um procedimento forense em *Cloud* poderá realizar o acesso sem cometer um crime de acesso ilegítimo? O acesso ilegítimo está previsto na Convenção de Budapeste, que foi adaptada à ordem jurídica portuguesa na Lei 109/2009, a Lei do Cibercrime.

O Artigo 6.º deste diploma determina que:

> Quem, sem permissão legal ou sem para tanto estar autorizado pelo proprietário, por outro titular do direito do sistema ou de parte dele, de qualquer modo aceder a um sistema informático, é punido com pena de prisão até 1 ano ou com pena de multa até 120 dias. (Portugal, 2009)

O Código Penal Brasileiro estabelece um tipo penal equivalente ao português previamente citado, a Invasão de Dispositivo Informático, nos Artigos 154-A/154-B, o primeiro direcionado ao âmbito privado e o segundo ao público. Veja-se o 154-A:

> Art. 154-A. Invadir dispositivo informático de uso alheio, conectado ou não à rede de computadores, com o fim de obter, adulterar ou destruir dados ou informações sem autorização expressa ou tácita do usuário do dispositivo ou de instalar vulnerabilidades para obter vantagem ilícita.

É importante recordar que o código penal é taxativo, devendo assim verificar-se cada um dos pormenores presentes no artigo da lei para que seja então tipificado como crime.

O acesso ilegítimo seria caraterizado pelo acesso aos dados do proprietário ou titular de direito. Ao solicitar-se uma autorização judicial para que seja realizado um procedimento forense em determinados equipamentos, tal não dá direito ao acesso aos dados que estejam em *cloud*, como *e-mails*, máquinas virtuais, servidores ou bases de dados, por exemplo.

Caso o perito consiga as credenciais de acesso relacionadas com a *Cloud*, deverá informar o juiz competente; este, através de um mandado, poderá permitir que o perito realize o acesso aos dados que estejam presentes na *Cloud*, no *e-mail*, em servidores ou bases de dados.

No Artigo 23º do Regulamento 679/2019 – Regulamento Geral de Proteção de Dados da União Europeia, consta o seguinte:

> Artigo 23º - Limitações
>
> 1. O direito da União ou dos Estados-Membros a que estejam sujeitos o responsável pelo tratamento ou o seu subcontratante pode limitar por medida legislativa o alcance das obrigações e dos direitos previstos nos artigos 12.º a 22.º

> e no artigo 34.º, bem como no artigo 5.º, na medida em que tais disposições correspondam aos direitos e obrigações previstos nos artigos 12.º a 22.º, desde que tal limitação respeite a essência dos direitos e liberdades fundamentais e constitua uma **medida necessária e proporcionada numa sociedade democrática para assegurar**, designadamente:
>
> **a) A segurança do Estado;**
>
> **b) A defesa;**
>
> **c) A segurança pública;**
>
> d) A prevenção, **investigação, detecção ou repressão de infrações penais**, ou a execução de sanções penais, incluindo a salvaguarda e a prevenção de ameaças à segurança pública; (sublinhados nossos) (Parlamento Europeu e do Conselho, 2016)

Na Lei 59/2019, de Portugal, no Artigo 3º, já consta a definição de "uma organização internacional e os organismos de direito internacional público por ela tutelados, ou outro organismo criado por um acordo celebrado entre dois ou mais países ou com base num acordo dessa natureza", assim como do tratamento (Portugal. Assembleia da República, 2019) dos dados pessoais, que está relacionado com qualquer hipótese de manutenção, movimentação, ou outra manipulação de dados pessoais. Nesse mesmo artigo, o termo "violação de dados pessoais" foi igualmente definido.

> m) «Violação de dados pessoais», uma violação da segurança que provoque, de **modo acidental ou ilícito**, **a destruição, a perda, a alteração, a divulgação não autorizada de dados pessoais** transmitidos, conservados ou tratados de outro modo, ou o **acesso não autorizado a esses dados**;

A alínea acima mostra que, de modo acidental ou ilícito, qualquer tratamento de dados inadequado, bem como o acesso não autorizado a terceiros, é considerado uma violação de dados pessoais; assim, como concretizar a aquisição de uma evidência relacionada com a resposta a incidentes, para que tal fato não ocorra?

A teoria dos "frutos da árvore envenenada" sustenta que, quando há provas derivadas de um processo ilícito, mesmo que a evidência consiga apresentar algo de extrema substancialidade, então está condenada à partida. (Silverthorne Lumber Co. *v.* United States, 1920)

No Código de Processo Penal brasileiro, esta prática pode ser observada a seguir:

> Art. 157. São inadmissíveis, devendo ser desentranhadas do processo, as provas ilícitas, assim entendidas as obtidas em violação a normas constitucionais ou legais.
>
> § 1º São também inadmissíveis as provas derivadas das ilícitas, salvo quando não evidenciado o nexo de causalidade entre umas e outras, ou quando as derivadas puderem ser obtidas por uma fonte independente das primeiras.

4.6. ACESSO ÀS CREDENCIAIS

A aquisição forense é um procedimento anterior ao exame e à análise. Muitas vezes, procura-se a obtenção das credenciais de acesso a contas presentes na *cloud*, mas o mandado para verificar o ambiente físico não permite que a perícia seja realizada no ambiente em *cloud*, pois normalmente o mandado não é genérico, ou seja, tem uma finalidade taxativa.

Poderá o juiz, através de novo mandado, solicitar acesso aos dados presentes em *cloud*, caso o perito consiga as credenciais de acesso?

De acordo com a teoria pentadimensional do direito, o espaço deve ser tido em conta, neste caso o ciberespaço que corresponde à *cloud*. A *cloud* é uma extensão do processo de investigação direcionado para uma pessoa, por exemplo.

Qualquer processo dependerá da identificação de suspeitos e da aquisição prévia das credenciais, até pelo motivo de que muitas vezes há uma cópia local armazenada do que está presente em *cloud*, mas apenas poderemos sabê-lo com certeza após o processo de forense realizado em *cloud*. Veja-se o exemplo a seguir:

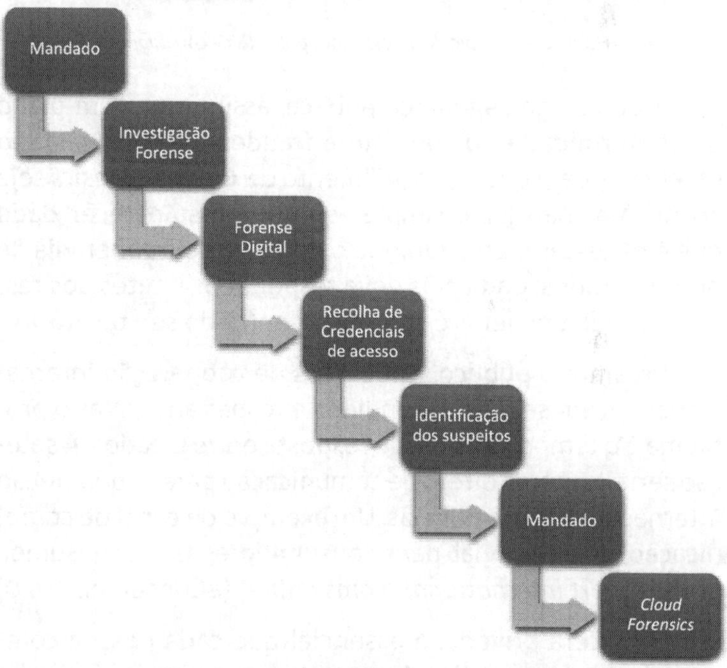

Figura 7 – Exemplo de Sequência de Investigação

No caso de uma investigação corporativa, por exemplo, há diferenças na verificação de irregularidades no tratamento de dados ou qualquer outra eventualidade. Veja-se o seguinte esquema:

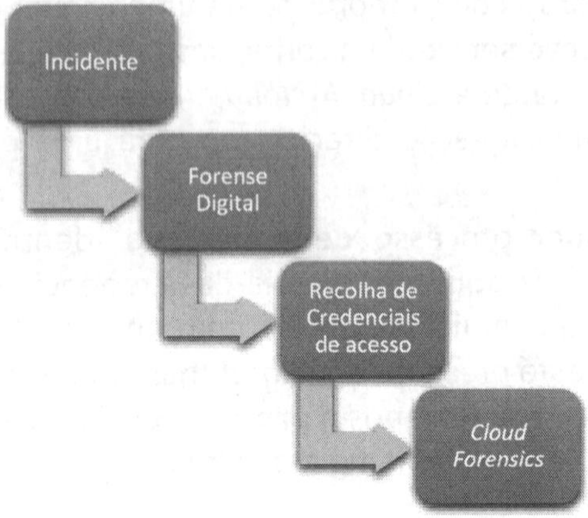

Figura 8 – Exemplo de processo nas políticas de compliance

A defesa da segurança pública, assim como um plano de conformidade no combate a fraudes corporativas, são essenciais para que o procedimento de *Cloud Forensics* seja aceite. Mas não é tão simples quanto possa parecer, dado que é necessário assegurar-se o respeito pela soberania de outros Estados. Cada país deve respeitar os limites dos restantes, cada um deles é soberano dentro do seu território.

No âmbito público, os acordos de cooperação internacional devem ser compreendidos e respeitados, mas o problema é o tempo habitual de resposta entre Estados. A solução seria um canal direto de comunicação para a cooperação internacional entre polícias. Um exemplo de canal de comunicação internacional para consumidores é o econsumer.gov – *Report international scams online.* (eConsumer, 2020)

Na esfera privada, é essencial que cada pessoa coletiva tenha um trabalho de *compliance* aplicado de forma eficaz, com políticas internas que estabeleçam o poder de fiscalização, de prevenção de fraudes e de combate ao cibercrime.

5

CONFORMIDADE TÉCNICA

A conformidade técnica relaciona-se com a aplicação das diretrizes formuladas pelas normas ISO, de acordo com as necessidades de utilização e com o recurso a ferramentas lógicas, e *softwares* adequados para que a recolha de evidências e o procedimento de aquisição até à preservação tenham o máximo de conformidade, desse modo minimizando possíveis objeções. Neste capítulo, serão apresentados alguns procedimentos iniciais para que seja assegurada a conformidade técnica, bem como garantido o rito de aquisição.

O *Compliance* é sinônimo de conformidade preventiva e, como é um termo que vem ganhando proeminência global quando se aborda a questão da prevenção, é comum que ele seja convocado para textos científicos, como é o caso.

Assim, iniciamos a apresentação dessa resposta a incidentes de segurança da informação abordando a sua conformidade técnica, quando se trata de *Cloud Forensics*.

O consumidor é a pessoa que utiliza os serviços de um fornecedor de conteúdo ou de outros, como um fornecedor de serviços de armazenamento em *cloud*. O procedimento de aquisição do conteúdo pode ser realizado por diversos métodos distintos, alguns com base no consumidor e outros no fornecedor. (Manral, Bharat, *et al.*, 2019)

A aquisição realizada pelo consumidor fica completamente limitada, visto que o procedimento e o acesso físico estão, muitas vezes, indisponíveis. Assim, o consumidor poderá solicitar que o procedimento de aquisição seja concretizado pelo fornecedor, mas existem dois fatores fulcrais que devem ser tidos em conta: o tempo e o espaço. E importa recordar que, por vezes, esse procedimento está indisponível. (Manral, Bharat, *et al.*, 2019)

O procedimento de aquisição numa possível resposta a um incidente de segurança informática pode ser visualizado de duas formas, uma a ocorrer com monitorização prévia, a segunda apenas após o evento; trata-se, por isso, de medidas e métodos prévios ou posteriores ao evento. Por exemplo, recolher previamente *logs* poderá constituir uma base comparativa para *logs* futuros, possibilitando assim uma maior hipóteses de sucesso (Manral, Bharat, *et al.*, 2019). Neste texto, focamos nos métodos realizados posteriormente ao incidente de segurança informática, ainda que nada impeça a análise dos *logs*.

O tempo deve ser o menor possível, e as políticas internas do fornecedor nem sempre contemplam a logística necessária para tal procedimento de aquisição. Já o espaço fica limitado ao território, ou, caso seja necessário esperar pela cooperação internacional, ligado à problemática do fator tempo. Ainda assim, ao contratar uma *Cloud* que possibilite uma maior autonomia do consumidor, como a IaaS, o contratante poderá utilizar mecanismos para monitorização de eventos, por exemplo.

Existem alguns procedimentos basilares que devem ser seguidos perante um mandado judicial para uma aquisição envolvendo a *Cloud* de uma forma mais eficiente, conforme a imagem abaixo:

Figura 9 – Forense em Cloud por mandado judicial

- Assegurar a posse de um mandado judicial, pois, sem ele, o acesso a uma conta em *cloud* por parte do perito constituirá um acesso ilegítimo; tal situação, além de poder tipificar um crime e invalidar todo o processo, tornará nulas quaisquer provas e outros procedimentos delas derivados;
- Obter credenciais de acesso é essencial para que seja acedido qualquer dado que esteja em *cloud*, tanto para procedimentos manuais como através da utilização de ferramentas forenses;
- Impossibilitar o acesso às credenciais por terceiros. Pode-se fazê-lo alterando a senha de acesso e removendo o *e-mail* e telefone para recuperação, ou qualquer outro mecanismo de segurança que possibilite a quebra do acesso. Este procedimento é o que bloqueia o acesso à conta daquelas credenciais, preservando desse modo a sua disponibilidade para os peritos;

- Depois de assegurado o acesso à conta, iniciar o processo de aquisição, que pode ser realizado utilizando ferramentas profissionais ou no modo manual.

No âmbito privado, em procedimentos internos das pessoas coletivas, a aquisição forense em *Cloud* numa possível resposta a incidentes deve igualmente seguir um procedimento baseado nos padrões técnicos internacionais e nas políticas internas corporativas.

Importa compreender o que é o procedimento para investigações internas. Num tal cenário, pode observar-se o seguinte:

Figura 10 – Forense em Cloud por determinação da Organização

Devemos estar plenamente cientes de que a realização de um processo forense em *cloud*, numa possível resposta a um incidente, deve respeitar a sequência de procedimentos determinados pelas normas técnicas de padrão internacional, ISO 27035 e ISO 27037, tal como descrita na figura a seguir. (Garrison, 2010)

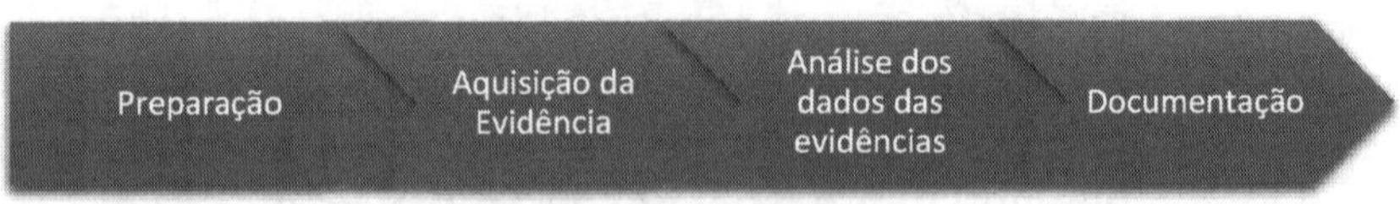

Figura 11 – Processo Forense

Qualquer procedimento de aquisição, com recurso a ferramentas ou não, necessita de credenciais de acesso às contas em *cloud*, de modo a possibilitar o procedimento de forense digital na investigação de dispositivos locais como computadores, *smartphones*, IoT, entre outros dispositivos. Nesse contexto, a obtenção das credenciais é necessária para se conseguir o acesso de fornecedores de conteúdo em *cloud*. Assim, apresentamos abaixo algumas ferramentas:

O *WebBrowserPassView* é uma ferramenta gratuita da Nirsoft, que possibilita a visualização das credenciais armazenadas nos *browsers* de um computador. É bastante utilizado para, pelo menos, realizar um primeiro acesso ou criação de conta.

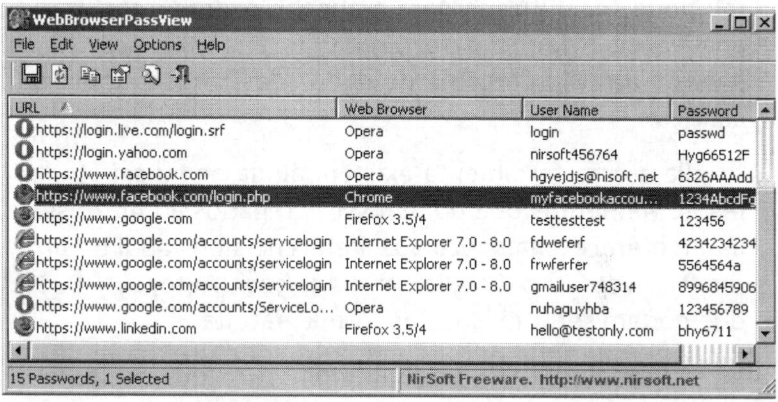

Figura 12 – WebBrowserPassView

Fonte da Imagem: https://www.nirsoft.net/utils/web_browser_password.html.

O *Remote Desktop PassView* é uma ferramenta equivalente à anterior, embora seja vocacionada para o acesso às credenciais armazenadas no *Remote Desktop Connection*.

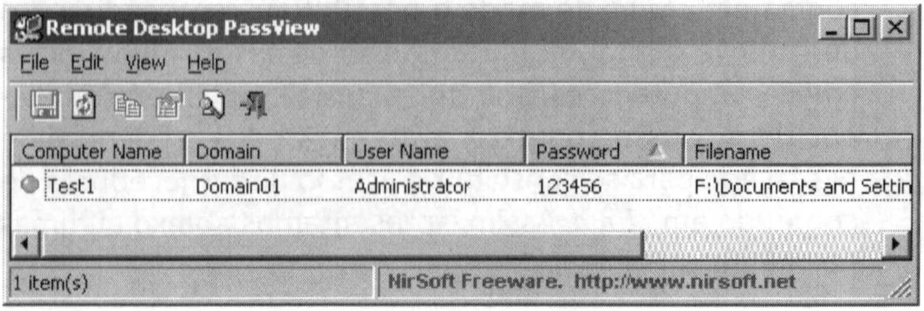

Figura 13 – Remote Desktop PassView

Fonte da Imagem: https://www.nirsoft.net/utils/remote_desktop_password.html.

O *Autopsy* é uma ferramenta que está presente em muitos dos procedimentos que envolvem o forense digital; pode ser utilizado para realizar o exame e facilitar a análise de evidências recolhidas localmente, por *snapshot* ou através da cópia de dados dos fornecedores de serviço.

Para essa ferramenta existem ainda os Ingest Modules, suplementos que podem ser agregados ao Autopsy e assim oferecer mais recursos. Referenciamos aqui o *Chrome Passwords* e o *Google Drive Analyzer* (Autopsy, 2020), que podem ser utilizados de forma gratuita.

A ferramenta *XRY* da MSAB promete recolher os *tokens* das credenciais de aplicativos e serviços *Cloud* presentes num dispositivo móvel, ou simplesmente efetuar a aquisição do conteúdo nesses fornecedores de conteúdos em *Cloud*. Esta ferramenta é paga.

Importa recordar que, quando acima nos referimos à descoberta de credenciais, falamos, por exemplo, de dados para *login* e senhas de acesso. Há plataformas, como as IaaS, entre outras, que permitem a utilização de chaves para acesso ao conteúdo interno da *Cloud*, seja num container – *bucket* ou em VM, por exemplo.

Normalmente, as chaves privadas ficam armazenadas em arquivos com extensão *pem*, por exemplo "ipbejateste_key.pem". Esta chave foi utilizada num procedimento de teste no *Microsoft Azure*, no qual a chave pública fica guardada na *Cloud* e a privada fica na posse do utilizador.

5.1. AQUISIÇÃO VIA FERRAMENTAS *CLOUD FORENSICS*

Algumas ferramentas foram analisadas em formato de teste – *trial*, com chaves temporárias cedidas pelas próprias empresas. Os resultados foram organizados de acordo com o código de escala de cinza apresentado na Tabela 3; a Tabela 4 apresenta esses resultados, com as funcionalidades que cada ferramenta oferece.

Os testes das ferramentas ocorreram em outubro de 2020 e foram posteriormente repetidos, em abril de 2021, para verificar se havia maior eficiência ou eficácia no que não tivera êxito naquele primeiro momento.

Descrição	Representação
Ferramenta Testada	
Aquisição Positiva	
Aquisição sem Sucesso	
Resposta com base na publicidade	

Tabela 3 – Legenda Descritiva

Num momento inicial, procuraram-se as ferramentas para teste em função das características anunciadas; após uma solicitação por *e-mail*, foi feito o download dos programas de teste.

Após a apresentação das finalidades deste estudo, algumas ferramentas cederam programas de teste ou códigos de ativação temporários. Outras não cederam os programas de teste, desse modo, ficando limitada a produção da tabela abaixo com base no que foi testado, a cinza escuro, sendo que em alguns casos a informação inserida baseou-se apenas na publicidade no sítio eletrônico (em preto).

Ferramenta Artefatos	**MSAB XRY *Cloud***	**Evidence Center Belkasoft**	**Paraben E3**	**Evidence Center Belkasoft X**	**Magnet Axiom *Cloud* Capabiliites**	**Celebrite UFED *Cloud***
Dropbox	preto				preto	preto
Facebook	preto		cinza escuro		preto	preto
Twitter	preto		cinza escuro		preto	preto
Google	preto	cinza escuro	cinza escuro	cinza escuro	preto	preto
iCloud	preto	cinza escuro		cinza escuro	preto	preto
Snapchat	preto				preto	preto
Emails		cinza escuro		cinza escuro	preto	preto
Instagram		cinza escuro		cinza escuro	preto	preto
WhatsApp		cinza escuro		cinza escuro	preto	preto
Amazon Alexa			cinza escuro			
Office365			cinza escuro		preto	preto
G-Suite			cinza escuro	cinza escuro	preto	preto
Slack			cinza escuro		preto	preto

Tabela 4 – Funcionalidades oferecidas pelas ferramentas que serão testadas

As ferramentas que não foram testadas, não o foi por falta de solicitação, mas porque as empresas não puderam disponibilizá-las ou porque, por algum motivo, não tiveram em conta o *e-mail* de solicitação.

Assim, as ferramentas testadas para aquisição em *cloud* estão expressas a seguir.

5.1.1. E3:DS da Paraben Corporation

A primeira ferramenta a apresentar pertence à Paraben Corporation, é a E3 DS *Mobile Evidence Examination.* Está direcionada para a perícia forense em multiplataformas e serve para aquisição lógica e física, além de permitir a aquisição de dados na *Cloud.* (Paraben Corporation, 2020)

A tela principal da aplicação apresenta o seguinte *layout*:

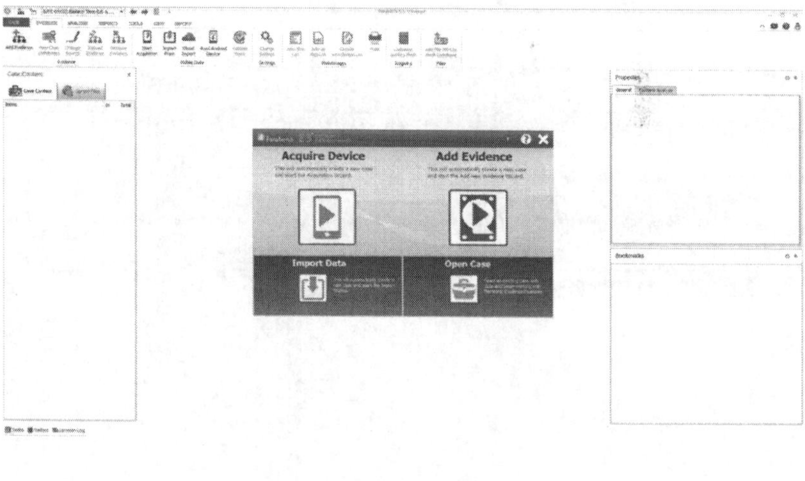

Figura 14 – Paraben Corporation Tela 1
Fonte: Paraben Corporation, 2020.

A ferramenta Paraben E3 oferece a possibilidade de aquisição diretamente a partir da *Cloud*, bastando possuir credenciais de acesso. De forma simples, basta clicar no ícone apresentado abaixo para que as opções *Cloud Import* fiquem disponíveis.

Figura 15 – Ícone do Cloud Import no Paraben

A Paraben conseguiu fazer a aquisição apenas das *Cloud* Google disponíveis na ferramenta, tendo acesso à caixa de correio eletrônico e ao Google Drive, mesmo desabilitando os controles de segurança da conta, assim também como o segundo fator de proteção apresentados nas duas figuras a seguir:

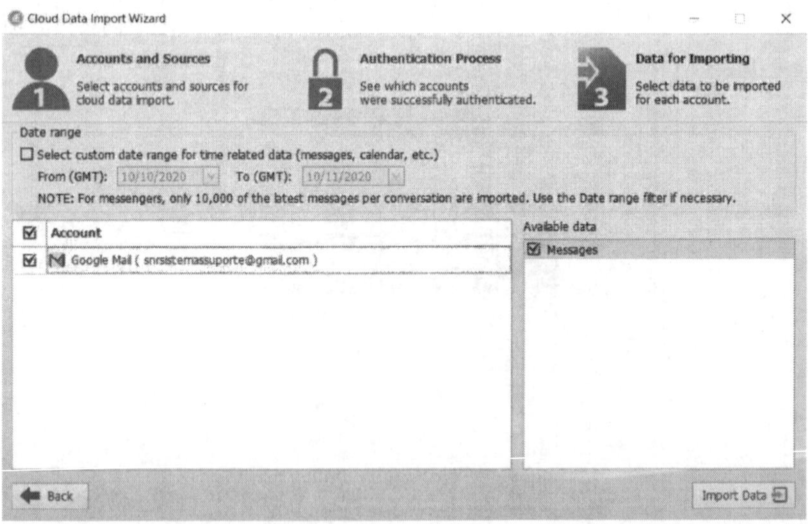

Figura 16 – Sucesso na Aquisição do Correio Eletrônico da Google

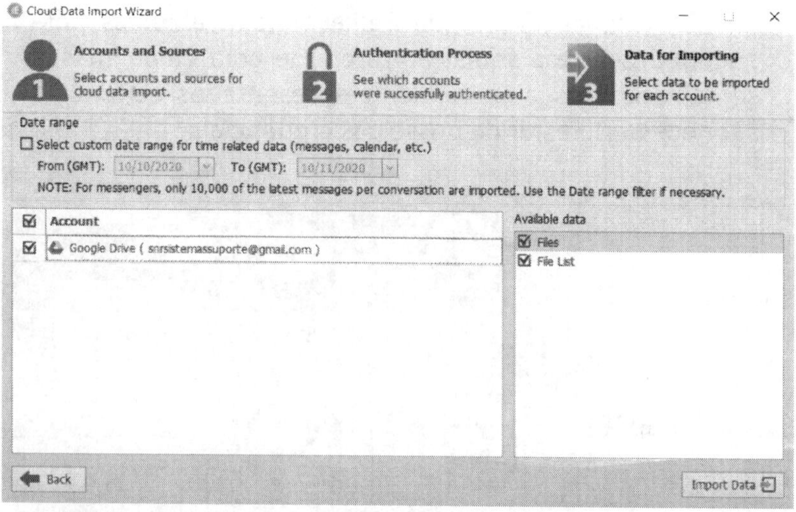

Figura 17 – Sucesso na Aquisição do Conteúdo do Google Drive

Na versão de demonstração não estava disponível a aquisição da Alexa, da Amazon, e todos os outros itens da aquisição não foram bem-sucedidos, mesmo desabilitando o segundo fator de autenticação.

Assim, mesmo apresentado uma série de recursos não foi obtida a eficiência esperada desta ferramenta, que pode ter ocorrido por não ser a versão paga da E3:DS Paraben.

5.1.2. Evidence Center da Belkasoft/Belkasoft X

A ferramenta Evidence Center da Belkasoft possui duas variantes, a normal e a versão X, que serão igualmente testadas e que apresentam várias possibilidades de aquisição em *cloud*, que foram apresentadas neste mesmo subtópico.

O Evidence Center da Belkasoft traz algumas possibilidades para a aquisição direta de uma *Cloud*, mas, à semelhança dos já previamente apresentados, continua a ser necessário estar de posse das credenciais.

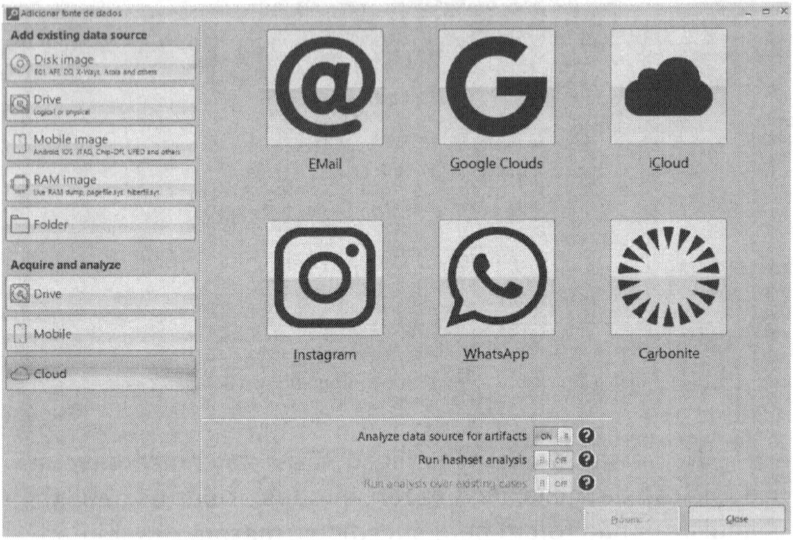

Figura 18 – Tela Acquire Cloud Belkasoft

A figura anterior apresenta as possibilidades de aquisição, enquanto a figura a seguir apresenta uma aquisição de uma caixa de correio eletrônico. Foram testados *e-mails* da Microsoft e da Google, bem como um outro utilizando ValueHost. Apenas a aquisição no *e-mail* da Microsoft foi bem-sucedida.

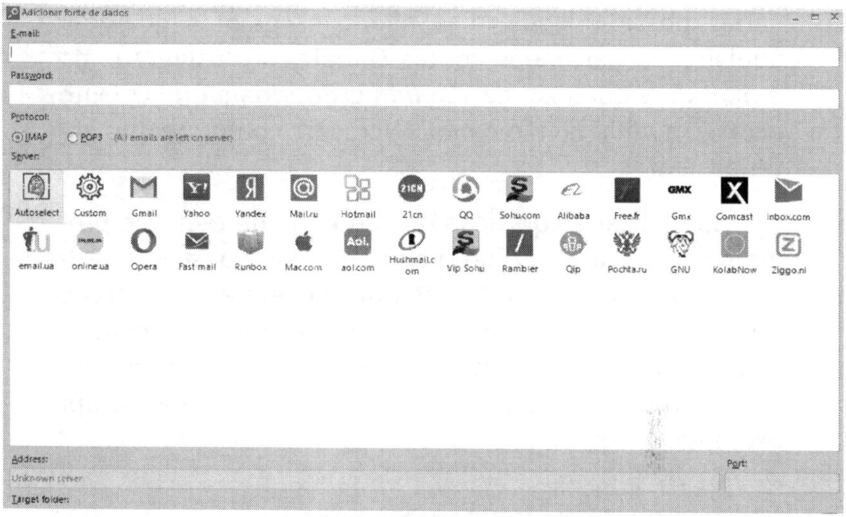

Figura 19 – Tela Acquire Cloud (E-Mail) Belkasoft

Esta ferramenta afirma igualmente que consegue recolher vários artefatos da Google, conforme a figura abaixo, mas nos testes não tivemos sucesso com nenhum deles.

Figura 20 – Tela Acquire Cloud (Google) Belkasoft

Algumas aplicações possibilitam e procuram facilitar o processo de aquisição, mas, nesse cenário, por vezes o aumento da segurança dos serviços faz com que essas aplicações não tenham êxito. Esta ferramenta apresenta várias possibilidades, mas não conseguimos qualquer aquisição a partir das contas Google, do Instagram, do *e-mail* da Valuehost, da i*Cloud* ou do WhatsApp. O êxito ocorreu apenas com o *e-mail* Microsoft, conforme dito anteriormente.

Ao realizar a aquisição do conteúdo do *e-mail*, o programa da Belkasoft armazena os arquivos e pastas conforme a árvore da conta. Possibilita também a organização por documento, imagem, áudios ou outros documentos; neste último caso, realiza a aquisição de alguns encaminhamentos de *e-mail* ou de arquivos compactados, por exemplo.

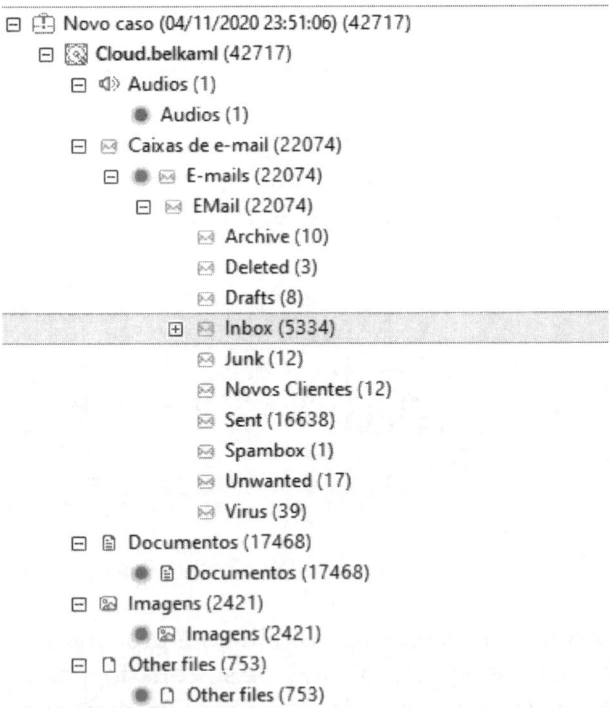

Figura 21 – Árvore de aquisição de e-mail

O seu *Dashboard* apresenta alguns gráficos, além de destacar os dados do processo de aquisição para facilitar a fase da análise. Veja-se a imagem abaixo:

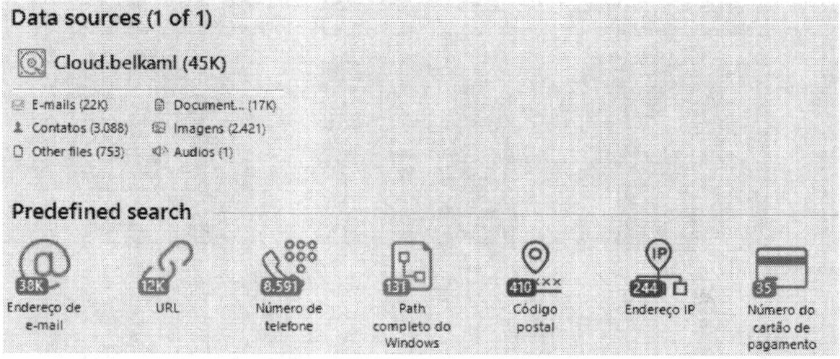

Figura 22 – Dashboard Belkasoft X

Embora o sítio eletrônico da Belkasoft disponibilize as duas ferramentas em versão *trial*, a versão X apresenta-se de uma forma mais simples, mais rápida e ligeiramente mais eficiente, apresentando possibilidades de aquisição em unidades de armazenamento físico, smartphones e *Cloud*, conforme a figura abaixo:

Figura 23 – Opções de Aquisição Belkasoft X

Ao acessar a aquisição em *Cloud*, as opções são apresentadas de forma semelhante à da versão anterior. Veja-se a Figura 18:

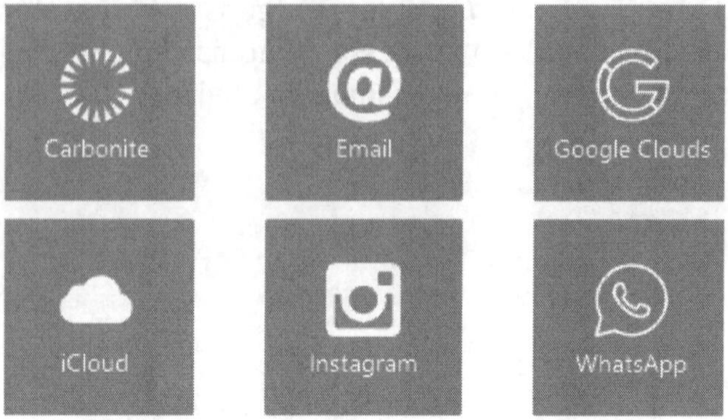

Figura 24 – Opções de Aquisição em Cloud Belkasoft X

Foram testadas todas as possibilidades de aquisição em *Cloud* da aplicação, sendo que apenas fomos bem-sucedidos com o correio eletrônico da Google. Vejam-se os resultados para análise na figura abaixo.

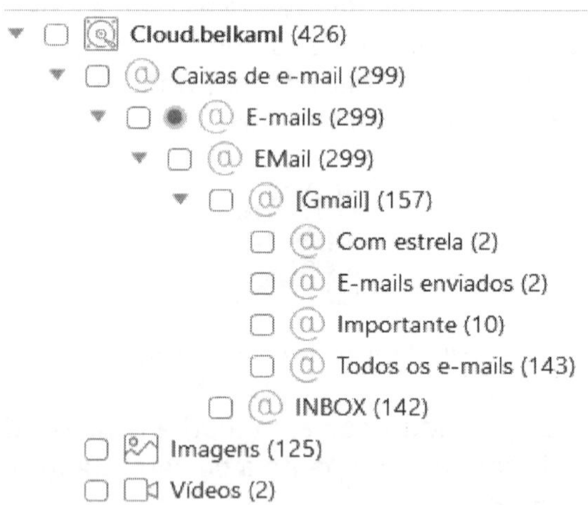

Figura 25 – Árvore do Correio Eletrônico recolhido

Qualquer outra tentativa de aquisição para qualquer dos restantes artefatos oferecidos pela ferramenta não obteve êxito, mesmo desativando a segurança de segundo fator, fato que se acredita ocorrer por não serem as versões pagas da ferramenta.

5.1.3. Análise Comparativa

Diante dos testes que foram realizados, foi percebido que todas as ferramentas testadas para aquisição em *Cloud* não são exclusivas para a *cloud* e oferecem também outros modos de aquisição, como em *smartphones*, dispositivos de armazenamento, entre outros.

Em todos os testes, foi desabilitada a segurança contra o acesso por dispositivos não permitidos, tal como foi desabilitado o segundo fator de autenticação. Mesmo assim, o resultado não foi tão positivo quanto esperado.

Foi também verificado que algumas ferramentas que declaram realizar a aquisição do WhatsApp não recolhem diretamente do servidor da aplicação, mas antes do armazenamento da Google onde estão armazenados os *backups*, e mesmo com as seguranças desabilitadas não oferecem êxito na aquisição.

Note-se que na Tabela 5 apenas se encontram as ferramentas que foram testadas, tenham elas obtido sucesso no processo de aquisição ou não, conforme a legenda apresentada na Tabela 3.

Ferramenta Artefatos	Evidence Center Belkasoft	Paraben E3	Evidence Center Belkasoft X
Dropbox			
Facebook			
Twitter			
Google Drive			
i*Cloud*			
Snapchat			
E-mails			
E-mails MS			
Instagram			
WhatsApp			
Amazon Alexa			
Office365			
Gmail			
Slack			

Tabela 5 – Sucesso na aquisição por ferramenta

Conforme apresentado na tabela anterior, fica clara a ineficácia das aplicações para a aquisição forense de dados presentes em *cloud*. Não podemos afirmar que é culpa da ferramenta, pois num mundo repleto de vazamento de dados, as aplicações procuram diariamente promover maiores níveis de segurança e mecanismos para dificultar o acesso aos dados.

Como também a ineficiência ou ineficácia podem ser devido aos testes não terem sido realizados em ferramentas não pagas, com chaves de acesso fornecidas pelas empresas apenas para realização de testes por um determinado período – Paraben, 7 dias, Belkasoft, 30 dias.

Ainda assim, serão apresentadas algumas formas de aquisição, de modo direto, ou seja, sem a utilização de ferramentas direcionadas para o forense em *Cloud*.

5.2. AQUISIÇÃO DE VM E/OU *BUCKETS* EM *CLOUD* IAAS

A *snapshot* é uma cópia do conteúdo de um dispositivo de armazenamento num determinado momento e, nesse caso, a aquisição ocorre na unidade de armazenamento do servidor em *cloud*, normalmente a IaaS. Assim, deve ser verificada a relevância desse processo, pois pode fazer com que o processo de investigação obtenha a máxima eficácia possível.

O processo forense deve ocorrer de forma a recolher o máximo de conteúdo útil possível para que se consiga investigar o incidente. Como o fornecedor dificilmente possibilita efetuar a aquisição em *live forensics* e física dos discos, deve avançar-se para a aquisição apenas do espelho, da *snapshot*, e ainda assim, caso tal não seja possível, devem recolher-se os arquivos para análise. O foco está na sequência de prioridade.

A recolha *live forensics* é de extrema importância para o êxito da equipe de resposta; para a realização deste procedimento, é necessário que o perito possua as ferramentas adequadas, o que na prática é muito difícil de ocorrer devido à habitual impossibilidade de acesso físico ao fornecedor de serviço em *cloud*.

Para a prática de *live forensics*, é necessário um *script* desenvolvido previamente para executar ferramentas de uma maneira rápida e prática, que recolha informação como dados da memória RAM, comunicações de rede, processos ativos, serviços ativos ou sessões ativas. (Candeias, 2015)

O *script* referido no parágrafo anterior pode ser utilizado para efetuar a aquisição de *snapshots*, o que permitiria ganhar tempo e eficiência no processo. Esses *snapshots* podem ser observados nos anexos através dos *links* disponibilizados pelos fornecedores e podem não se limitar apenas aos *scripts*, mas devem igualmente estar presentes no plano de resposta a incidentes da organização.

Todo o processo de investigação relaciona-se com a preservação da prova digital forense tendo em conta a privacidade, a proteção de dados e as liberdades, garantias e direitos individuais. Assim, importa perceber que existem ferramentas que visam facilitar o processo de aquisição, para que metadados, como a data e hora da criação do arquivo, sejam preservados da melhor forma possível, mas que há momentos em que se torna necessária a realização de procedimentos manuais, como através dos *snapshot*.

Com o *snapshot* recolhido, conforme os processos descritos através dos *links* em anexo, todo o processo de análise não deve ser realizado no *snapshot* obtido, mas numa cópia dele. Segundo Mário Candeias, a "[...] análise da imagem de um disco através da virtualização da mesma [...]", pois "[...] não existe problemas em efetuar alterações ao sistema operativo virtualizado, uma vez que o original é preservado". (Candeias, 2015)

A recolha do *snapshot* poderá ser realizada através da sua aquisição binária. Tal como as boas práticas indicam. Deve ser elaborado um relatório de aquisição, que inclui o resumo digital do arquivo em pelo menos 2 formatos diferentes, por exemplo, SHA256 e SHA512, incluindo todos os dados relativos ao próprio arquivo e ao procedimento de aquisição realizado. Deverá também ser realizada uma cópia binária do arquivo de *snapshot*, de modo a permanecer uma para *backup* e outra para a análise. Deste modo é possível garantir a integridade e autenticidade dos indícios recolhidos.

Os testes posteriores foram realizados em março de 2021, com procedimentos para efetuar a aquisição tanto da *snapshot* quanto da imagem do disco, como ainda da instância de uma VM por completo. Do mesmo modo, foi ainda realizado um procedimento de download dos conteúdos presentes nos *containers* – *buckets* – de armazenamento.

5.2.1. Google *Cloud*

O Google *Cloud* é a plataforma profissional da Google direcionada para a *cloud*, e o processo das diversas formas de aquisição de *snapshots* pode ser encontrado nos *links* em anexo, mais precisamente no 8.1.

O primeiro passo é alterar as credenciais de acesso e aceder, com as novas credenciais, a plataforma Google *Cloud*, no *link* https://console.cloud.google.com.

Depois de acessar, deve procurar e clicar em "Recursos" e depois localizar *Computer Engine*, confirme a figura abaixo:

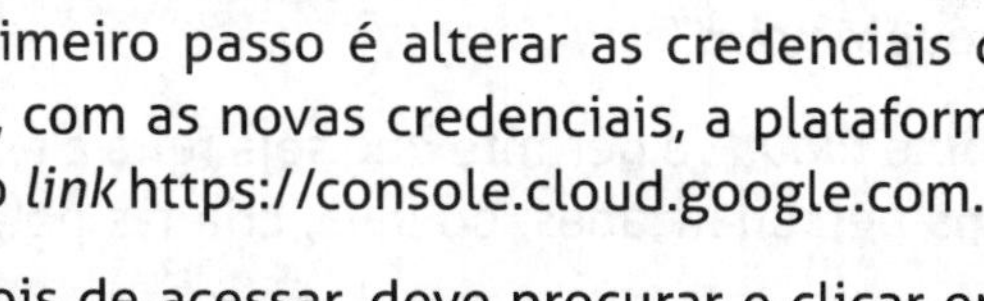

Figura 26 – Google Cloud – Recursos

Ao aparecer a lista de instâncias de VM, deve clicar nos três pontos e depois interromper o funcionamento de cada VM, assim indisponibilizando o acesso por ambiente externo. Importa compreender que, ao interromper o funcionamento da VM, o processo de análise ocorrerá *post mortem*; dessa forma, para realizar o *snapshot*, de modo a simular o processo de *live forensics* na VM, não deve ser interrompido o funcionamento dela, embora isso possa originar o risco de um acesso externo.

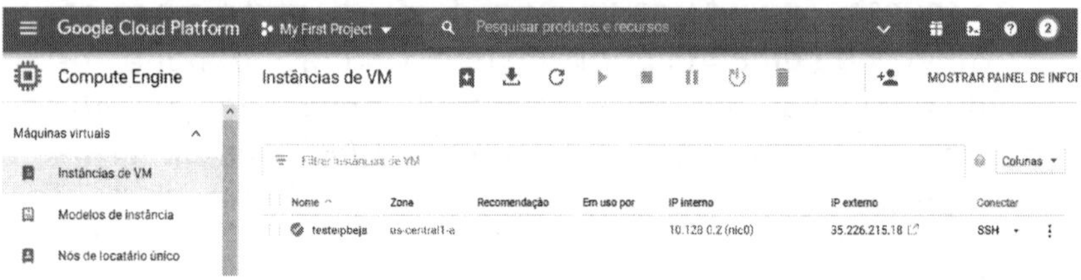

Figura 27 – Google Cloud – Instâncias de VM

Em "armazenamento" e depois "imagem", selecione a opção "criar imagem", e insira as informações conforme a figura abaixo. Repare que o nome que foi inserido foi "recolhagooglecloud".

O Google *Cloud* só permite que seja feita a exportação de imagens personalizadas, ou seja, criadas pelo próprio utilizador.

Figura 28 – Google Cloud – Criar um Imagem

O processo pode demorar algum tempo, dependendo do tamanho da imagem, do tipo de armazenamento e do poder de processamento da VM.

Ao concluir, basta clicar no nome da imagem, "recolhagooglecloud" e então acender à opção "exportar" e selecionar o formato. Recorde-se que, caso seja necessário, deve ativar previamente o *Cloud* Build. Os formatos apresentados foram: VMDK, VHDK, VPC e QCOW2.

Caso a API *Cloud* Build não esteja ativa, para ativá-la, basta clicar no *link* https://console.Cloud.google.com/apis/api/Cloudbuild.googleapis.com/overview?_ga=2.12084082.796891884.1615931287-268723049.1615931287 e clicar no botão "Ativar" na API *Cloud* Build.

Para exportar, o ideal é que seja criado um *bucket* exclusivo no Google *Storage* para realizar a exportação das VM, pois assim esses dados não irão misturar-se com outros dados armazenados em *buckets* já existentes. O *bucket* é uma espécie de *container* para armazenar e organizar conteúdo. Recorde-se que o *bucket* criado foi "backupipbeja", conforme a Figura 29.

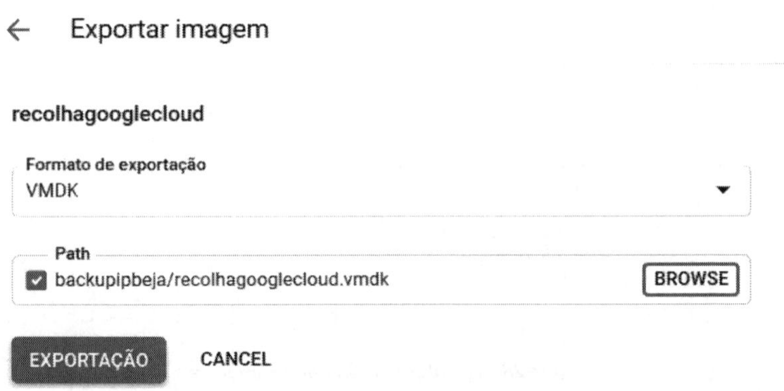

Figura 29 – Google Cloud – Exportar Imagem para Google Cloud Storage

Agora basta acessar ao menu principal, ir ao *Cloud* Storage e ter acesso ao *bucket* "backupipbeja"; depois, nas "ações", selecionar "download" para realizar o download do arquivo. Este procedimento pode ser visualizado na Figura 30.

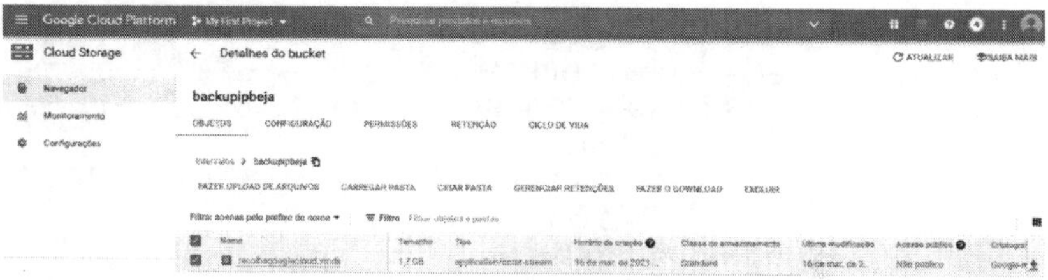

Figura 30 – Cloud Storage – bucket "backupipbeja"

O download foi realizado com êxito, conforme vemos na Figura 31, e o arquivo foi aberto apenas para verificar se estava funcional ou corrompido, conforme figura a seguir.

Figura 31 – Download do arquivo "recolhagooglecloud.*vmdk*"

O teste para abrir o arquivo baixado – "recolhagooglecloud.vmdk" foi realizado pelo AccessData FTK Imager, que apresentou o conteúdo abaixo.

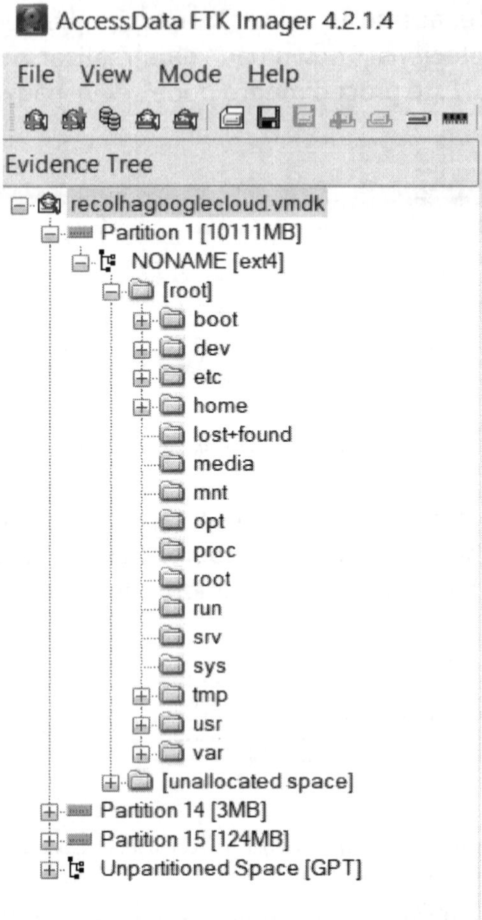

Figura 32 – Add Evidence do "recolhagooglecloud.vmdk" no AccessData FTK Imager

De acordo com a pesquisa e testes realizados, o procedimento a seguir deve ser o descrito na Figura 33, desde o início até o download dos arquivos. Caso o profissional *Cloud forensics* deseje efetuar a aquisição da *snapshot*, poderá correr o risco de que um qualquer acesso externo à

VM realize algum procedimento que dificulte a aquisição ou até mesmo que danifique a VM.

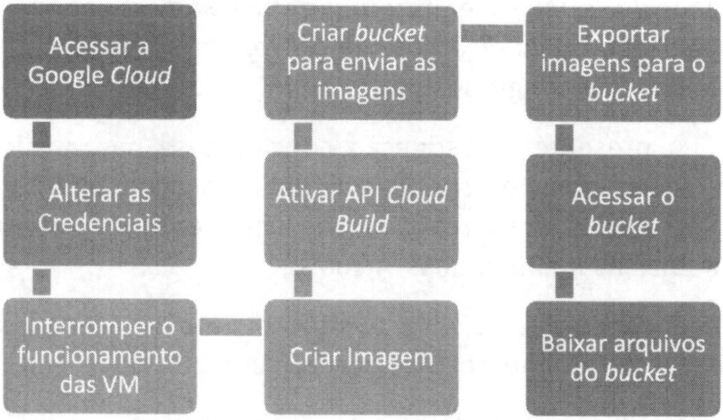

Figura 33 – Sequência para Conformidade e Eficiência na Aquisição no Google Cloud

Importa verificar se há *snapshot* armazenada, pois a realização programada de *snapshot* é comum em procedimentos de *backup* ou para fins de auditoria. Deve ir aos discos e verificar em instantâneos ou programações de *snapshot*.

Para realizar o download, deve seguir o mesmo procedimento de exportação para a Google *Cloud Storage* e posteriormente realizar o download dos arquivos de *snapshot* presentes no *bucket*.

É importante verificar se há bases de dados instaladas, arquivos armazenados ou registros de atividade e tentar exportar todo esse conteúdo para o *bucket* específico para a aquisição, de modo a realizar o download desses arquivos.

5.2.2. Microsoft Azure

A plataforma Microsoft Azure possui uma vasta quantidade de serviços; realizar uma aquisição nesse ambiente exige uma observação atenta do *log* de atividades, pois não deve restringir-se apenas às VM.

A presente investigação concentra-se na aquisição em *Cloud*; numa perspectiva de delimitação do âmbito da investigação, foram realizados testes apenas para efetuar a aquisição em máquinas virtuais.

A concretização da aquisição deve obedecer ao seguinte procedimento: (Microsoft Azure, 2021)

1. Parar a VM. No menu no portal do Azure, clique em "Máquinas Virtuais". Selecione a VM na lista. Na VM, clique em "Parar";
2. Gerar URL de *download*. Para baixar o arquivo VHD, é necessário gerar um URL de SAS (assinatura de acesso compartilhado). Quando o URL é gerado, deve indicar quantos segundos pretende ter antes da expiração do URL. Na página da VM, clique em "discos", no menu à esquerda. Selecione o disco do sistema operativo para a VM. Na página do disco, selecione "exportação de disco" no menu à esquerda. O tempo de expiração padrão do URL é de 3600 segundos. De acordo com o tamanho do arquivo e da velocidade da *Internet*, esse tempo deve ser aumentado. Clique em "Gerar URL";
3. Baixar o VHD. No URL que foi gerado, clique em "Baixar o arquivo VHD". Talvez seja necessário clicar em "salvar no navegador" para iniciar o *download*. O nome padrão do arquivo VHD é abcd.

Recorde-se que a aquisição ocorre a partir dos discos presentes na VM e não diretamente da VM.

Na figura abaixo podemos ver o URL já criado e pronto para o download.

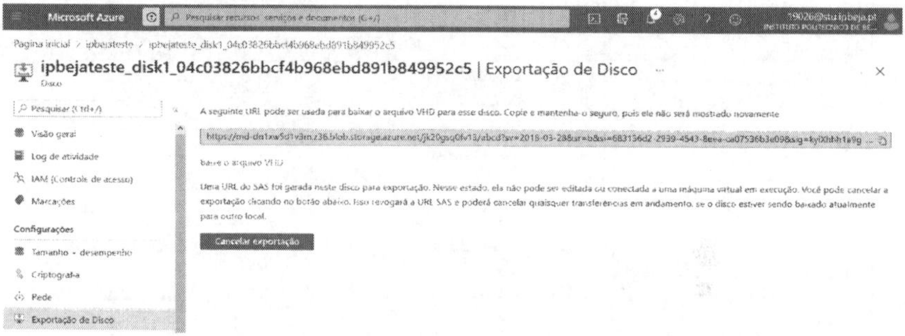

Figura 34 – Microsoft Azure – URL para download

Na figura seguinte, vemos a confirmação do sucesso do download efetuado.

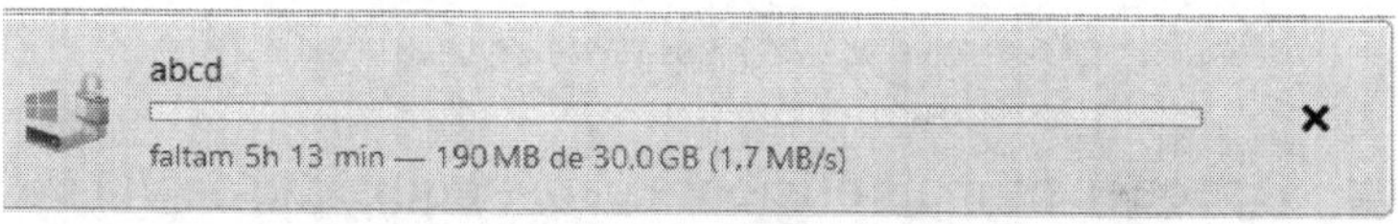

Figura 35 – Download do arquivo "abcd" com formato VHD

Em resumo, o procedimento realizado para aquisição da VM não foi mais longo em comparação com a plataforma Google *Cloud*, mas importa ter em conta que um procedimento de aquisição não deve ocorrer apenas a partir das VM, mas também de outros artefatos, como bases de dados, registros de atividades, notificações e recursos (Figura 37), de forma a compreender a utilização da *Cloud* e realizar a aquisição do máximo de artefatos possíveis.

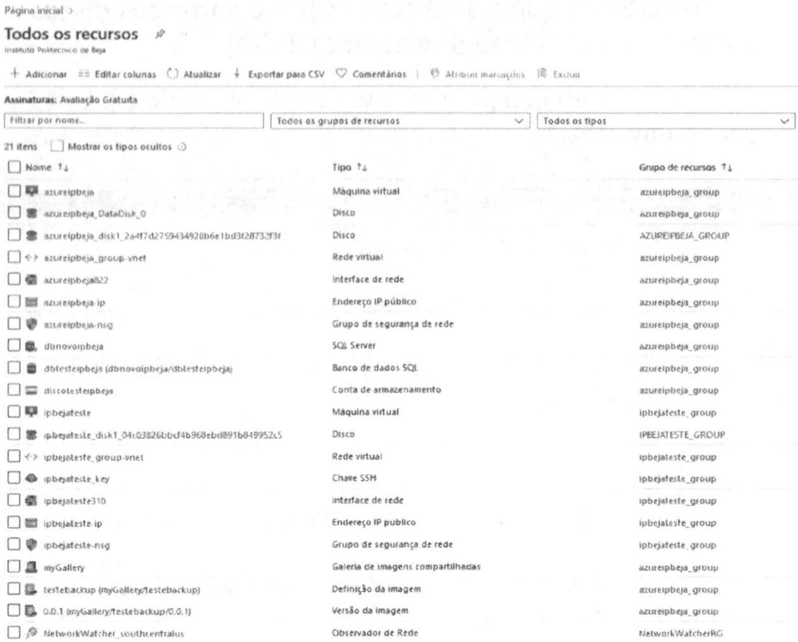

Figura 36 – Recursos Microsoft Azure

A sequência mais eficiente para a aquisição da VM por ser observada na figura a seguir.

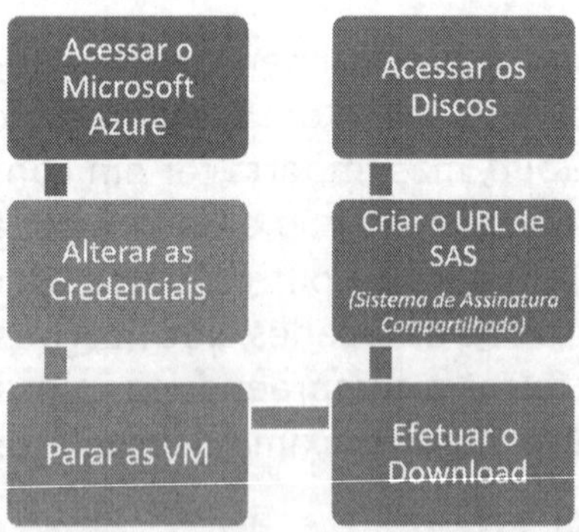

Figura 37 – Sequência para Conformidade e Eficiência na Aquisição de VM no Microsoft Azure

5.2.3. Amazon AWS

Nos três testes de aquisição utilizados, o AWS revelou ser o menos eficaz quando se trata de gerar uma aquisição do conteúdo de uma instância de VM, pois a plataforma é pouco amiga do utilizador e exige uma série de configurações no JSON, bem como na execução de comandos.

Sublinhe-se ainda que, em determinadas variações de instância e imagem, não é possível consegue realizar a exportação para o *bucket*, como: (Amazon AWS, 2021)

- Não será possível exportar uma imagem se ela contiver software de terceiros fornecido pela AWS. Por exemplo, o VM Export não pode exportar imagens do Windows ou do SQL Server nem instâncias criadas a partir de uma imagem no AWS Marketplace;
- Não é possível exportar uma imagem com *snapshots* criptografados do EBS no mapeamento de dispositivos de blocos;
- Só é possível exportar volumes de dados do EBS especificados no mapeamento de dispositivos de blocos, não volumes do EBS anexados após a execução da instância;
- Não será possível exportar uma imagem do Amazon EC2 se você a compartilhou de outra conta da AWS;
- Não é possível ter várias tarefas de exportação de imagem em andamento para a mesma AMI ao mesmo tempo;
- Por padrão, você não pode ter mais de 5 tarefas de conversão por região em andamento ao mesmo tempo. Esse limite é ajustável até 20;

- VMs com volumes maiores que 1TiB não são compatíveis;
- É possível exportar um volume para um *bucket* não criptografado do Amazon S3 ou para um *bucket* criptografado usando a criptografia AWS-256. Não é possível exportar para um bucket do S3 criptografado com a criptografia AWS-KMS.

Já quando a aquisição ocorre diretamente pelo *bucket* no AWS S3, o processo de download apresenta-se como mais rápido: depois de conseguir o acesso, basta acessar o *bucket*, selecionar os arquivos e, em "ações", realizar o download, conforme se pode ver na Figura 38.

Figura 38 – Amazon S3 – bucket e arquivo para download

A aquisição de uma instância de VM na AWS, de todas as IaaS testadas, foi a que apresentou uma dificuldade maior, mas foi realizada com êxito. Necessitou de várias configurações para preparação de ambiente, sendo ainda necessário instalar o CLI – *Command Line Interface*[3], desse modo, habilitando, no caso presente no Windows, o comando aws. (Amazon AWS, 2021)

Ao instalar, foi ainda necessário configurar o CLI aws para as credenciais de acesso, com a seguinte sintaxe: (Amazon AWS, 2021)

```
$ aws configure
AWS Access Key ID [None]: accesskey
AWS Secret Access Key [None]: secretkey
Default region name [None]: us-west-2
Default output format [None]:
```

Configuraram-se depois as políticas e o *Export Task*, sendo que, por sinal, foi necessária a criação de vários arquivos JSON[4] para se conseguir ter êxito. O processo de configuração do formato de saída, por exemplo, foi bastante demorado.

Para realizar a exportação da imagem criada referente à instância da VM, foi então executado o comando com a seguinte sintaxe[5]:

```
aws ec2 export-image --image-id ami-id --disk-image-format VMDK --s3-export-location S3Bucket=my-export-bucket,S3Prefix=exports/
```

3. Link para download do CLI – Command Line Interface da AWS: https://awscli.amazonaws.com/AWSCLIV2.msi.
4. Link para configuração de políticas e do Export task: https://docs.aws.amazon.com/cli/latest/reference/ec2/create-instance-export-task.html.
5. Link para acesso a sintaxe e outras: https://docs.aws.amazon.com/pt_br/vm-import/latest/userguide/vmexport_image.html.

O resultado da exportação pode ser visto na tela abaixo:

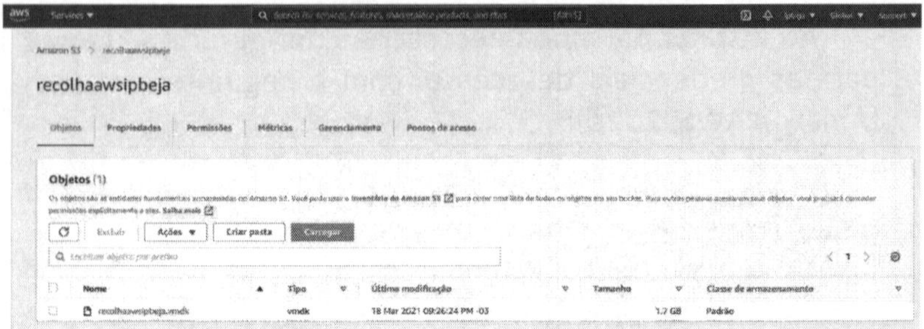

Figura 39 – Tela de exportação da imagem da VM para o bucket

Em seguida foi realizado o download do arquivo, bastando selecionar e, em "ações", iniciar o download.

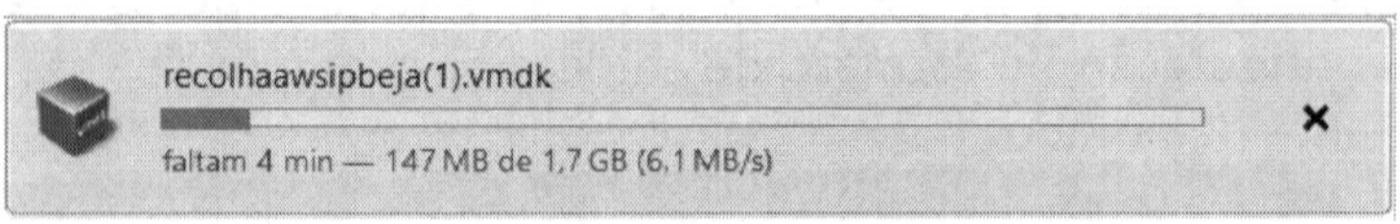

Figura 40 – Download do arquivo "recolhaawsipbeja.vmdk"

Após a realização deste procedimento de aquisição, apercebemo-nos de que o download direto pelo *bucket* é muito fácil no Amazon AWS, mas, para realizar a exportação de uma imagem de uma instância de VM, o processo de configuração é muito demorado, embora bem-sucedido em última instância.

As etapas são as seguintes:

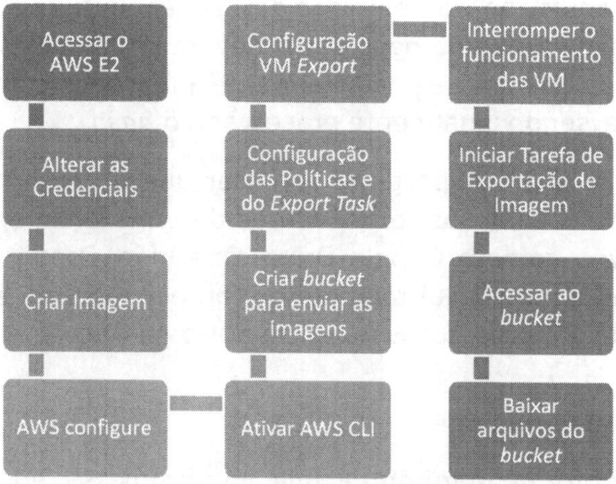

Figura 41 – Sequência para Conformidade e Eficiência na Aquisição de VM no Amazon AWS

5.3. AQUISIÇÃO VIA DOWNLOAD DIRETO

A aquisição via *download* do conteúdo disponível deve ocorrer apenas quando não se consegue a aquisição física, nem via imagem ou *snapshot*, visto que esse processo poderá fazer com que se percam metadados, por exemplo a data e hora da criação/modificação. Os principais artefatos são as unidades de armazenamento em *Cloud*, caixas de *e-mail*, conversas e *mídia* em aplicativos de mensagens instantâneas e o histórico de comunicações.

Um primeiro exemplo trata de dados armazenados em servidores em *cloud* que possibilitem o acesso via FTP – *File Transfer Protocol*; deve então utilizar-se o navegador, ou melhor, uma ferramenta independente para acesso ao FTP, que possibilite o acesso e a aquisição completa do conteúdo.

A aquisição via *download* deverá ser a última alternativa, mas, caso seja necessária, deverá ser realizada num disco esterilizado, e posteriormente adicionado como evidência, sendo igualmente preservado o *hash*.

É também importante recordar que a *Cloud* não se resume apenas aos fornecedores de armazenamento de arquivos, como o Google Drive, OneDrive, Dropbox, por exemplo, mas inclui também os fornecedores de *e-mail*, FTP, plataformas, *software*, entre outros serviços.

5.3.1. Google Drive

Conforme já foi dito acima, ao termos as credenciais de acesso devemos impedir que o titular da conta as altere, impossibilitando a aquisição. Assim, desativamos a autenticação em duas etapas e a permissão de acesso por *logins* menos seguros.

Depois, antes de iniciar o processo de download, devem primeiro ser alteradas as credenciais de acesso, iniciando-se de imediato o download. Ao acessar o Google Drive por um navegador:

- Entrar em drive.google.com;
- Selecionar tudo com *Ctrl;*
- Selecionar *Download* ao pressionar com o botão direito do *mouse*.

Recorde-se que os conteúdos presentes na Reciclagem – *trash* – são de imensa importância, bem como a verificação dos acessos recentes, conforme podemos ver na figura abaixo.

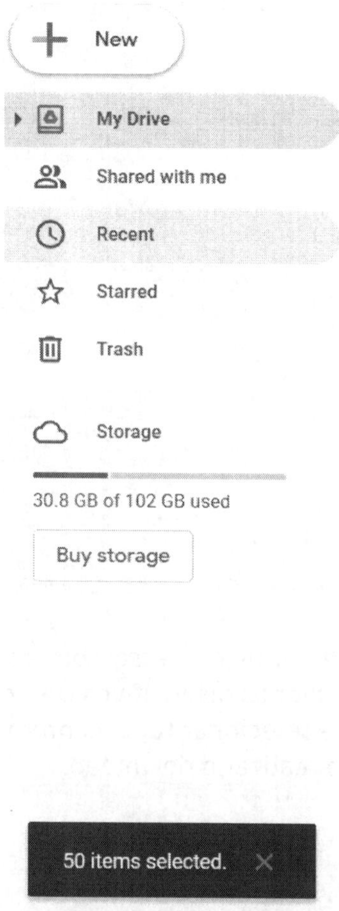

Figura 42 – Google Drive

5.3.2. Dropbox

No Dropbox, deve fazer-se o *login* e acessar "Configurações", depois "Segurança" e verificar os navegadores e dispositivos ligados. Poderemos assim interligar outras pistas ou desconectar cada uma delas, pois não basta alterar as credenciais de acesso, o acesso deve ser interrompido para melhor preservação, conforme a Figura 43.

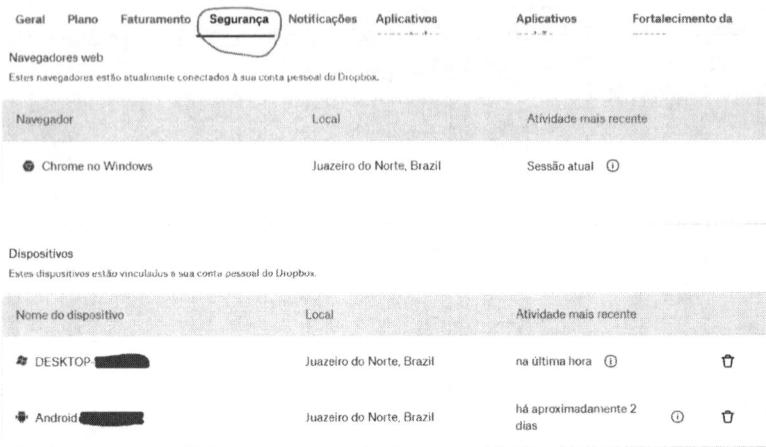

Figura 43 – Configurações, Segurança...

Depois de garantir o acesso com as credenciais do Dropbox de remover os dispositivos conectados e de alterar a senha, deve selecionar tudo, conforme a figura abaixo, e pode então realizar o download.

Figura 44 – Selecionar tudo

5.3.3. OneDrive

No OneDrive, o procedimento é equivalente, mas todas as atividades realizadas podem ser verificadas, bem como os dispositivos conectados. Assim, além de alterar as credenciais, devemos também desabilitar as permissões de acessos externos ao *storage*. As Figuras 45 e 46 mostram, respetivamente, as atividades e os dispositivos conectados.

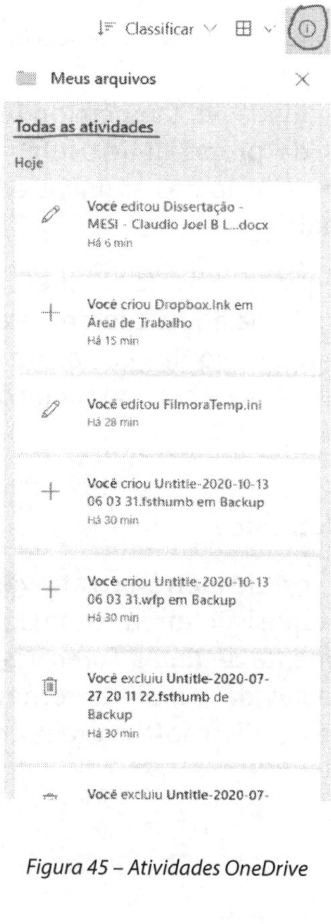

Figura 45 – Atividades OneDrive

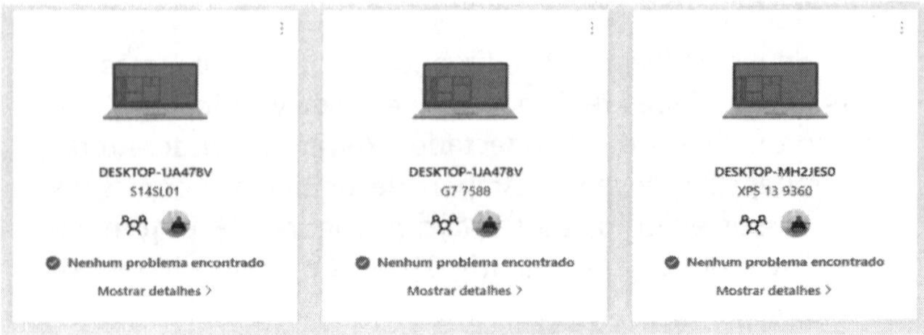

Figura 46 – Dispositivos Conectados

O acesso às atividades também pode ser obtido através de recursos da própria Microsoft[6]. Devemos então prosseguir com a seleção dos arquivos e logo em seguida iniciar o download.

Recorde-se que o *download* direto dos arquivos é apenas um exemplo da aquisição desse artefato; é de ter em conta que a aquisição das caixas de *e-mail* não deve ser dispensada, embora estas possam conter muito conteúdo.

5.3.4. Correio eletrônico

A análise do correio eletrônico através de um *software* que efetue essa aquisição direta seria de grande relevância se essa ferramenta de *Cloud Forensics* fosse realmente eficiente para caixas de *e-mail* de fornecedores diferentes, como Google ou Microsoft, entre outros.

6. https://docs.microsoft.com/pt-br/graph/api/resources/onedrive-ativity-reports?view=graph-rest-1.0.

Após os testes realizados com as ferramentas, ficou claro que a utilização de programas de *e-mail*, como Outlook ou Thunderbird, pode ser uma solução rápida e barata, sendo então necessária a utilização de ferramentas de análise das mensagens para relacionar as mensagens enviadas e recebidas, os anexos, entre outros.

6

CONSIDERAÇÕES FINAIS

De acordo com a investigação realizada, tanto no âmbito técnico e prático como no jurídico, ficou claro que a *Cloud forensics* enfrenta um cenário de muitas dificuldades, tanto pela ineficiência e ineficácia das ferramentas como pelas questões legais que envolvem o Estado Português e o cruzamento de fronteiras para outros Estados.

Tendo em conta que o Mestrado em Engenharia de Segurança Informática do Instituto Politécnico de Beja possui o aspecto inovador do equilíbrio interdisciplinar do Direito e das Tecnologias da Informação relacionados com a Segurança da Informação, as considerações finais foram distribuídas em duas etapas: a primeira, da técnica, e a segunda, do direito.

No decurso desta investigação, foi possível perceber quão vasto é o universo que envolve as ciências jurídicas e forenses neste ambiente em *cloud*, pelo que a pesquisa agora realizada será a base para um aprofundamento posterior.

6.1. CONSIDERAÇÕES TÉCNICAS

Neste subtópico, argumenta-se que a aquisição e análise de artefatos da *cloud* está ainda em processo inicial e que as ferramentas da geração atual são ineficientes para a tarefa. Especificamente, o foco contínuo na análise de artefatos do lado do cliente é uma extensão direta das abordagens das técnicas e ferramentas existentes que, no contexto da *cloud*, falham em atender a dois requisitos forenses críticos: integridade e reprodutibilidade.

Observamos que os serviços em *cloud* SaaS rotineiramente fornecem controle de versão e usam artefatos nativos da *cloud*, o que exige uma nova abordagem centrada em API para descoberta, aquisição e análise. Esse procedimento é concretizado por empresas que procuram aprimorar cada vez mais a segurança do seu *software*, principalmente em face do acesso ilegítimo por terceiro não autorizado, fato que provoca a violação e possível vazamento de dados.

As aplicações em *cloud* recebem atualizações de segurança quase diariamente, e esse fato faz com que as ferramentas que efetuam a aquisição em *Cloud* se tornem cada vez mais ineficientes e, muitas vezes, até ineficazes, conforme se deduz dos testes efetuados com as ferramentas.

O foco atual dos modelos de aquisição, no estado atual das estruturas de dados do sistema operativo e do aplicativo, terá ampla aplicabilidade apenas em cenários de investigação IaaS, pois as imagens das instâncias de VM permitem que esse processo seja realizado. As *snapshot* não são habituais nas *Cloud* de uso pessoal, como Google Drive, OneDrive, Dropbox, por exemplo. Encontram-se facilmente em serviços mais vocacionados para empresas, como Google *Cloud*, Microsoft Azure, Amazon AWS, por exemplo.

Nos testes realizados nas IaaS anteriormente citadas, os procedimentos de aquisição de imagem das instâncias de VM ocorreram com êxito, mas no caso do AWS o processo de exportação da imagem para o *bucket* foi extremamente burocrático, enquanto o download do arquivo presente no *bucket* foi bem mais rápida, ao contrário do Google *Cloud* e do Microsoft Azure.

Para situações de PaaS/SaaS – que serão cada vez mais comuns – a abordagem natural é trabalhar com os dados de *log* existentes, que permitem que sejam realizadas auditorias através desses *logs*, formando uma pista de auditoria, por exemplo. Em alguns casos, como com o Google Docs, esses dados podem fornecer uma cronologia completa das edições do utilizador desde a criação do documento.

As dificuldades no âmbito técnico envolvem também a dificuldade de realizar um *data carving* nos armazenamentos em *cloud* de uso pessoal, bem como a impossibilidade de realizar a aquisição direta pelo *hardware*.

A resposta a incidentes de segurança da informação é um processo delicado e importante para a preservação eficaz e eficiente das evidências que, posteriormente, através do relatório, virão a constituir uma prova.

Assim, fica claro que se a própria empresa que desenvolve a aplicação não ceder a polícias e profissionais forenses uma ferramenta para realização da aquisição forense, esse processo será cada vez mais difícil. Devemos recordar que, dado que o número de aplicações aumenta de forma gigantesca, mesmo que cada aplicação tenha uma ferramenta de aquisição, esse trabalho será muito difícil.

Por fim, as *bigtechs*, como Facebook, Twitter, Google, Amazon, Microsoft, entre outras empresas populares das tecnologias, deveriam ser obrigadas pelo Estado a disponibilizarem gratuitamente ferramentas de aquisição forense. Devido à popularidade dessas aplicações *web*, acabam por estar acessíveis a quase todos os cidadãos do Estado e este deve proteger o cidadão e ter o poder de investigar um ilícito com eficiência, para garantir a proteção de todos.

6.2. CONSIDERAÇÕES LEGAIS

Segundo a investigação realizada, perante o cenário cada vez mais digital em que vivemos é comum que os serviços baseados na *Cloud* ultrapassem fronteiras; desse modo, a cooperação entre Estados e a conformidade legal tornam-se cada vez mais necessárias para que as provas sejam preservadas e dificilmente questionadas.

De nada serve efetuar um processo de aquisição com excelência, seguindo todo o processo proposto, em conformidade com padrões técnicos internacionais, e não seguir o que está na lei. Os diplomas legais fundamentais e de proteção de dados estão cada vez mais presentes nas relações entre pessoas singulares, coletivas e Estados.

A diversidade de produtos e serviços presentes no ciberespaço cresce de forma exponencial e esse cenário faz com que a busca por conformidade, tanto técnica quanto legal, seja objeto de estudo nos principais órgãos especializados do mundo, como a INTERPOL, NIST, ISSO, NBR, por exemplo.

O tempo é essencial para ter êxito quando se trata do espaço cibernético. E a necessidade de padrões técnicos de aquisição, com ferramentas gratuitas próprias de cada aplicativo torna-se cada vez essencial para a investigação forense em *Cloud*, pois um aplicativo, para atuar num Estado, deve obedecer de forma plena à sua ordem jurídica, e uma tal ferramenta poderia ser solicitada por determinação legal.

A *Cyber-Drittwirkung*, ou eficácia jurídica externa dos direitos, liberdades e garantias fundamentais nas relações jurídico-privadas na *Internet*, é o que fundamenta a Teoria Pentadimensional do Direito, segundo a qual um fato que ocorra na *Internet* e que tenha valor social acaba por transformar-se em norma. Mas, como já foi dito, a utilização da *Internet* ultrapassa facilmente fronteiras, e o tempo deve ser um aliado da investigação em *Cloud*, por um simples fato: as credenciais de acesso. Com isso, a Teoria Pentadimensional apresenta-se como fato, valor, norma, tempo e espaço.

O *Code d'instruction Criminalle* da Bélgica eleva ainda mais a teoria referida no parágrafo anterior, pois admite estender a investigação "se essa extensão for necessária para a manifestação da verdade sobre o crime que é objeto da pesquisa; e se outras medidas forem desproporcionadas ou se existir o risco de, sem esta extensão, as provas se perderem". Assim, há fronteiras que são ultrapassadas em tempo útil, de modo a conseguir que eventuais provas não sejam perdidas.

Deste modo, não se trata de incentivar a violação de fronteiras, mas de propor acordos de cooperação mais fortes e que incluam o maior número possível de Estados soberanos, para que o espaço de terceiros não seja violado e as provas não se desvaneçam devido à ineficiência da perda de tempo.

6.3. CONCLUSÃO

As principais empresas que oferecem serviços em *Cloud* estão estabelecidas em praticamente todos os Estados da Europa, no Brasil, nos Estados Unidos da América, assim como nos demais países do planeta.

Por estar estabelecida de acordo com a lei de um país, a empresa deve atender ao princípio da reserva legal de cada Estado, pelo que tem de obedecer ao que a ordem jurídica interna impõe.

Sabemos que a União Europeia provocou a evolução dos diplomas legais de proteção de dados de praticamente todo o mundo. As empresas que desejam atuar no mercado da UE devem estar em conformidade com o RGPD, o que faz também com que os fornecedores de produtos e serviços devam estar em conformidade legal com esse importante diploma.

Por estas razões, a União Europeia deveria impor um regulamento que obrigasse as empresas que prestam serviços no seu território, como serviços de IaaS, a fornecerem canais diretos para a investigação da polícia judiciária, facilitando o procedimento de aquisição em *Cloud*.

Como o mercado europeu é forte e possui uma produção legislativa de referência no mundo, o regulamento proposto no parágrafo anterior poderá ser um marco mundial no âmbito da investigação forense em *Cloud*.

7

APÊNDICES

Neste último momento a abordar sobre esses apêndices que mais se parecerão com uma breve síntese de diplomas legais e/ou softlaws que possuem relação direta com o abordado no discorrer do estado da arte da investigação científica.

Assim algum dos conteúdos estão elencados *in verbis* conforme o texto original, com a diferença da estruturação sintética e em tópicos.

7.1 PNSI – POLÍTICA NACIONAL DE SEGURANÇA DA INFORMAÇÃO

A computação em nuvem, ou *cloud computing*, é uma tendência praticamente sem volta, que para funcionar atingindo o máximo de segurança possível, é necessário conhecer bem a estrutura e os melhores padrões técnicos que proporcionarão boas práticas de governança.

Com isso, inicialmente podemos falar sobre a PNSI – Política Nacional de Segurança da Informação no Brasil, Decreto 9.637 de 26 de dezembro de 2018. (BRASIL, PNSI, 2018)

Os tópicos a seguir foram mais bem organizados para facilitar a leitura sintética, muito embora estejam elencados *in verbis*.

PNSI – Abrangência (Art. 2º)

- a segurança cibernética;
- a defesa cibernética;
- a segurança física e a proteção de dados organizacionais; e
- as ações destinadas a assegurar a disponibilidade, a integridade, a confidencialidade e a autenticidade da informação.

PNSI – Princípios (Art. 3º)

- soberania nacional;
- respeito e promoção dos direitos humanos e das garantias fundamentais, em especial a liberdade de expressão, a proteção de dados pessoais, a proteção da privacidade e o acesso à informação;
- visão abrangente e sistêmica da segurança da informação;
- responsabilidade do País na coordenação de esforços e no estabelecimento de políticas, estratégias e diretrizes relacionadas à segurança da informação;

- intercâmbio científico e tecnológico relacionado à segurança da informação entre os órgãos e as entidades da administração pública federal;
- preservação do acervo histórico nacional;
- educação como alicerce fundamental para o fomento da cultura em segurança da informação;
- orientação à gestão de riscos e à gestão da segurança da informação;
- prevenção e tratamento de incidentes de segurança da informação;
- articulação entre as ações de segurança cibernética, de defesa cibernética e de proteção de dados e ativos da informação;
- dever dos órgãos, das entidades e dos agentes públicos de garantir o sigilo das informações imprescindíveis à segurança da sociedade e do Estado e a inviolabilidade da intimidade da vida privada, da honra e da imagem das pessoas;
- *need to know* para o acesso à informação sigilosa, nos termos da legislação;
- consentimento do proprietário da informação sigilosa recebida de outros países, nos casos dos acordos internacionais;
- cooperação entre os órgãos de investigação e os órgãos e as entidades públicos no processo de credenciamento de pessoas para acesso às informações sigilosas;
- integração e cooperação entre o Poder Público, o setor empresarial, a sociedade e as instituições acadêmicas; e

- cooperação internacional, no campo da segurança da informação.

PNSI – Objetivos (Art. 4º)

- contribuir para a segurança do indivíduo, da sociedade e do Estado, por meio da orientação das ações de segurança da informação, observados os direitos e as garantias fundamentais;
- fomentar as atividades de pesquisa científica, de desenvolvimento tecnológico e de inovação relacionadas à segurança da informação;
- aprimorar continuamente o arcabouço legal e normativo relacionado à segurança da informação;
- fomentar a formação e a qualificação dos recursos humanos necessários à área de segurança da informação;
- fortalecer a cultura da segurança da informação na sociedade;
- orientar ações relacionadas a: segurança dos dados custodiados por entidades públicas; segurança da informação das infraestruturas críticas; proteção das informações das pessoas físicas que possam ter sua segurança ou a segurança das suas atividades afetada, observada a legislação específica; e tratamento das informações com restrição de acesso; e
- contribuir para a preservação da memória cultural brasileira.

PNSI – Implementação (Art. 15)

Basicamente apresenta alguns passos para implementação:

1. Implementar a PNSI;
2. Elaborar PSI;
3. Designar um gestor de SI;
4. Instituir comitê de SI;
5. Destinar recursos para SI;
6. Promover ações educativas relacionadas a SI;
7. Instituir equipe de resposta à incidentes de SI;
8. Coordenar e executar ações de SI;
9. Consolidar e analisar resultados da gestão de SI;
10. Corrigir e responsabilizar violação de SI;

7.2 ENSC – ESTRATÉGIA NACIONAL DE SEGURANÇA CIBERNÉTICA

O Decreto 10.222, de 5 de dezembro de 2020, aprova a ENSC – Estratégia Nacional de Segurança Cibernética, que segue os princípios, objetivos, competências, fundamentos, entre outros pontos previamente determinados na PNSI.

Ainda, a ENSC apresenta um conteúdo, *in verbis*, de altíssima relevância em seu Anexo, que foi mais bem organizado a seguir, para facilitar a leitura sintética (BRASIL, 2020):

"Em cumprimento ao estabelecido na Política Nacional de Segurança da Informação, e considerada a Segurança Cibernética – Seg Ciber como a área mais crítica e atual a ser abordada, o Gabinete de Segurança Institucional da Presidência da República elegeu, em janeiro de 2019, a Estratégia Nacional de Segurança Cibernética - E-Ciber como primeiro módulo da Estratégia Nacional de Segurança da Informação, a seu cargo, a ser elaborada.

Desse modo, por coordenação do Gabinete de Segurança Institucional da Presidência da República, e com participação de mais de quarenta órgãos e entidades do Governo, além de instituições privadas e do setor acadêmico, que foram distribuídos em três subgrupos de trabalho, foi elaborada a presente E-Ciber, após trinta e uma reuniões e sete meses de estudos e de debates.

Por meio de metodologia *bottom up*, e com base nas conclusões dos subgrupos de trabalho, em avaliação comparativa – *benchmarking* sobre estratégias correlatas de outros países, e em cumprimento ao contido na Política Nacional de Segurança da Informação, chegou-se ao diagnóstico da segurança cibernética global e do Brasil. Em seguida, foram estabelecidos os objetivos estratégicos nacionais, e as respectivas ações estratégicas, segundo sete eixos de atuação, que demonstram à sociedade brasileira os pontos considerados relevantes para o País na área da segurança cibernética."

ENSC – E-Ciber

"A E-Ciber, além de preencher importante lacuna no arcabouço normativo nacional sobre segurança cibernética, estabelece ações com vistas a modificar, de forma cooperativa e em âmbito nacional, características que refletem o posicionamento de instituições e de indivíduos sobre o assunto. Em primeiro lugar, verifica-se que há boas iniciativas gerenciais nessa área, entretanto, mostram-se fragmentadas e pontuais, o que dificulta a convergência de esforços no setor. Em segundo, nota-se a falta de um alinhamento normativo, estratégico e operacional, o que frequentemente gera retrabalho ou resulta na constituição de forças-tarefas para ações pontuais, que prejudicam a absorção de lições aprendidas e colocam em risco a eficácia prolongada dessas ações. Em terceiro, vê-se a existência de diferentes níveis de maturidade da sociedade em segurança cibernética, o que resulta em percepções variadas sobre a real importância do tema.

Adicionalmente, foi considerado o modelo de maturidade da capacidade em segurança cibernética, que define cinco dimensões:

- política e estratégia de segurança cibernética;
- cultura cibernética e de sociedade;
- educação, de treinamento e de habilidades em segurança cibernética;
- marcos legais e regulatórios; e
- padrões, organizações e tecnologias."

ENSC – Dimensões

"Essas dimensões, por sua transversalidade, abrangem as extensas áreas que devem ser consideradas no aumento da capacidade em segurança cibernética. Ao considerar as cinco dimensões do modelo, chegou-se à estrutura de sete eixos de atuação da Estratégia, anteriormente citados, que mantém relação direta com o modelo de maturidade da capacidade em segurança cibernética.

Os eixos temáticos da E-Ciber foram considerados de forma transversal, e podem ser descritos como:

Eixos de Proteção e Segurança:

- governança da segurança cibernética nacional;
- universo conectado e seguro: prevenção e mitigação de ameaças cibernéticas; e
- proteção estratégica; e

Eixos Transformadores:

- dimensão normativa;
- dimensão internacional e parcerias estratégicas;
- pesquisa, desenvolvimento e inovação; e
- educação."

ENSC – Objetivos Estratégicos

"Desse modo, estes objetivos estratégicos visam a nortear as ações estratégicas do País em segurança cibernética, e representam macrodiretrizes basilares para que o setor público, o setor produtivo e a sociedade possam usufruir de um espaço cibernético resiliente, confiável, inclusivo e seguro. São os objetivos estratégicos:

- Tornar o Brasil mais próspero e confiável no ambiente digital;
- Aumentar a resiliência brasileira às ameaças cibernéticas; e
- Fortalecer a atuação brasileira em segurança cibernética no cenário internacional."

ENSC – Ações

"Fortalecer as ações de governança em segurança cibernética, por parte do setor público e do setor privado, que contemplem iniciativas relacionadas à gestão de pessoas, ao atendimento aos requisitos de segurança cibernética e à gestão dos ativos de informação. Dentre as ações que podem ser adotadas nesse sentido, mencionam-se:

- realizar fóruns de governança;
- criar controles para o tratamento de informações com restrição de acesso;
- estabelecer requisitos mínimos de segurança cibernética nas contratações pelos órgãos públicos;
- implantar programas e projetos sobre governança cibernética;
- adotar, além dos normativos de governança emitidos pelo Gabinete de Segurança Institucional da Presidência da República, normas, padrões e modelos de governança reconhecidos mundialmente;
- adotar, a indústria, padrões internacionais no desenvolvimento de novos produtos desde sua concepção (*Privacy/security by design and default*);
- recomendar a adoção de soluções nacionais de criptografia, observada, para tanto, a legislação específica;
- intensificar o combate à pirataria de software;
- adotar soluções de segurança cibernética que abordem iniciativas integradoras;

- designar o gestor de segurança da informação;
- recomendar a certificação em segurança cibernética, conforme padrões internacionais; e
- ampliar o uso do certificado digital."

ENSC – Maturidade

"Elevar o nível de maturidade em segurança cibernética da sociedade, com o fim de ensejar a compreensão das ameaças e dos riscos no espaço cibernético, e possibilitar às pessoas o uso adequado e oportuno de procedimentos e de ferramentas em prol da utilização segura do ambiente digital. Nesse sentido, identificam-se como iniciativas:

- incentivar os órgãos públicos e empresas privadas para que realizem campanhas de conscientização internas;
- realizar ações de conscientização da população;
- criar políticas públicas que promovam a conscientização da sociedade sobre segurança cibernética;
- propor a inclusão da segurança cibernética, por intermédio de suas competências básicas, e do uso ético da informação na educação básica - educação infantil, ensino fundamental e ensino médio;
- estimular a criação de cursos de nível superior em segurança cibernética;
- propor a criação de programas de incentivo para graduação e pós-graduação no Brasil e no exterior em segurança cibernética;

- fomentar a pesquisa e o desenvolvimento em segurança cibernética;
- criar programas de capacitação continuada para profissionais do setor público e do setor privado;
- incentivar a formação de profissionais para atuar no combate aos crimes cibernéticos;
- realizar eventos de capacitação em segurança cibernética;
- incentivo à participação em fóruns e eventos nacionais e internacionais em segurança cibernética;
- aperfeiçoar mecanismos de integração, de colaboração e de incentivos entre universidades, institutos, centros de pesquisa e setor privado em relação à segurança cibernética;
- incentivar exercícios de simulação em segurança cibernética; e
- promover a gestão de conhecimento de segurança cibernética, em articulação com os principais atores da área, a fim de otimizar a identificação, a seleção e o emprego de talentos."

ENSC – Práticas *By Design and Default*

"Nesse contexto, ressalta-se a importância de as empresas, que produzem ou comercializam serviços no campo da segurança cibernética, adotarem padrões nacionais e internacionais no desenvolvimento de novas soluções, desde a sua concepção, o que é internacionalmente conhecido pelos termos *privacy by design* and *default* e *security by design and default*. Para tanto, destaca-se o papel do Estado em garantir às empresas a flexibilidade para continuar a criar mecanismos de aperfeiçoamento, com o uso de tecnologia de ponta para garantir a segurança de seus produtos, serviços e soluções e, assim, proteger seus usuários.

Visualiza-se que a governança cibernética, considerada em âmbito nacional, orienta os direitos, as obrigações e as responsabilidades dos diversos segmentos da sociedade, e leva os órgãos públicos e as organizações privadas a priorizarem o uso seguro do espaço cibernético.

Nesse sentido, verifica-se a importância de as instituições implementarem programas de segurança cibernética, com uso de modelos reconhecidos, que proporcionem um adequado diagnóstico do estágio em que se encontram, que identifiquem os pontos mais vulneráveis de seus sistemas, as ameaças cibernéticas mais prováveis, e os maiores fatores de risco que considerem a adoção das proteções adequadas, os mecanismos de detecção de ataques, as metodologias de resposta a incidentes e os procedimentos de restauração do ecossistema informático."

ENSC – Alfabetização Digital (*Digital Literacy*)

"Construir uma sociedade conectada tem sido um desafio para o Estado brasileiro. Contudo, graças à modernização tecnológica e à expansão das redes de telecomunicações, que resultaram em um rápido e massivo acesso à internet por parte de milhões de brasileiros, conforme abordado no item Diagnóstico, hoje 98% da população possui acesso às redes móveis e 60% dos domicílios têm acesso por meio da rede fixa. Entretanto, essa realidade trouxe uma série de novas preocupações, especialmente com relação às vulnerabilidades e às ameaças cibernéticas."

"Nesse contexto, destaca-se a importância da alfabetização digital, ou *digital literacy*, conceito que, segundo a Western Sidney University, significa "possuir as habilidades necessárias para viver, aprender e trabalhar em uma sociedade em que a comunicação e o acesso à informação ocorrem cada vez mais por meio de tecnologias digitais, como plataformas da Internet, mídias sociais e dispositivos móveis". Esse esforço de educação digital, que passa pela inclusão tecnológica, visa a preencher imensa lacuna entre os usuários atuais dessas tecnologias e os pertencentes ao grupo dos chamados "nativos digitais", expressão criada em 2001, por Marc Prensky, especialista estadunidense em educação, que usou o termo para se referir a todos os nascidos após 1980, cujo desenvolvimento biológico e social se deu em contato direto com a tecnologia.

Dessa forma, recomenda-se desenvolver uma cultura de segurança cibernética, por meio da educação, que alcance todos os setores da sociedade e níveis de ensino, a fim de prevenir incidentes e proporcionar o uso responsável das tecnologias, por ser um dos fatores chaves para o desenvolvimento do País.

A educação em segurança cibernética é concebida em três formas de atuação, em grau crescente de especialização de conteúdo, e em grau decrescente de abrangência da sociedade, conforme o que segue:

- Capacitação – profissionais da área ou com funções que requerem competências na área;
- Formação – parcela da sociedade que se encontra nos bancos escolares; e
- Conscientização – sociedade e seus setores.

A conscientização é obtida por meio de ações direcionadas a sensibilizar setores específicos da sociedade, ou esta como um todo. Num foco mais restrito, a formação abrange o ensino de segurança cibernética direcionado à parcela da sociedade que se encontra na educação infantil, no ensino fundamental, no ensino médio e no ensino superior. Por fim, a capacitação engloba a educação, na modalidade profissional e tecnológica, destinada ao ensino continuado para profissionais da área, ou para aqueles cujo cargo ou função requeira conhecimentos técnicos mais profundos e especializados de segurança cibernética. A capacitação é a forma de atuação mais especializada e pode ser realizada por intermédio de treinamentos de curta duração, certificações de segurança, dentre outros meios.

No que diz respeito à implementação dessas três vertentes de educação em segurança cibernética, a responsabilidade deve ser compartilhada entre órgãos de Estado, setor educacional, serviços sociais do comércio e da indústria, e sistemas nacionais de aprendizagem. Cabe ressaltar que, para isso, há uma série de recursos educacionais disponíveis, conforme vê-se a seguir:

- Capacitação – os Planos de Capacitação para professores, gestores e especialistas e os Bancos de Talentos;
- Formação – a Criação de cursos e a Inserção do tema nos currículos escolares;
- Conscientização – os Planos de Conscientização nas escolas e instituições, os Portais de boas práticas e as Campanhas educativas.

No contexto da conscientização, incentiva-se a concepção de políticas públicas, que levem à consciência situacional ante o atual cenário de ameaças cibernéticas, e estimulem o comportamento responsável e seguro por parte dos usuários da internet.

As ações de conscientização tornaram-se ferramenta essencial para mudanças de comportamento relativas ao ambiente cibernético, e são relevantes, à medida que levam os indivíduos a perceber, em sua rotina pessoal ou profissional, quais atitudes precisam ser corrigidas no mundo digital."

7.3 DIRETIVA SRI DA UE

A Diretiva 2016/1148, também conhecida como Diretiva NIS/SRI, apresenta medidas destinadas a garantir elevado nível comum de segurança das redes e da informação em toda União Europeia.

A transposição dessa Diretiva em Portugal foi estabelecida pela Lei 46, de 13 de agosto de 2018. Neste diploma legal, algumas definições, requisitos, competências, infrações, entre outros quesitos.

Os tópicos a seguir foram mais bem organizados para facilitar a leitura sintética, muito embora estejam elencados *in verbis*.

SRI - Definições (Art. 3º)

- «Equipa de resposta a incidentes de segurança informática», a equipe que atua por referência a uma comunidade de utilizadores definida, em representação de uma entidade, prestando um conjunto de serviços de segurança que inclua, designadamente, o serviço de tratamento e resposta a incidentes de segurança das redes e dos sistemas de informação;

- «Especificação técnica», um documento que define os requisitos técnicos que um produto, processo, serviço ou sistema devem cumprir;
- «Incidente», um evento com um efeito adverso real na segurança das redes e dos sistemas de informação;
- «Infraestrutura crítica», a componente, sistema ou parte deste situado em território nacional que é essencial para a manutenção de funções vitais para a sociedade, a saúde, a segurança e o bem-estar econômico ou social, e cuja perturbação ou destruição teria um impacto significativo, dada a impossibilidade de continuar a assegurar essas funções;
- «Norma», uma especificação técnica, aprovada por um organismo de normalização reconhecido, para aplicação repetida ou continuada, cuja observância não é obrigatória;
- «Operador de infraestrutura crítica», uma entidade pública ou privada que opera uma infraestrutura crítica;
- «Operador de serviços essenciais», uma entidade pública ou privada que presta um serviço essencial;
- «Ponto de troca de tráfego», uma estrutura de rede que permite a interligação de mais de dois sistemas autônomos independentes a fim de facilitar a troca de tráfego na Internet;

- «Prestador de serviços digitais», uma pessoa coletiva que presta um serviço digital;
- «Prestador de serviços do sistema de nomes de domínio», uma entidade que presta serviços do sistema de nomes de domínio (DNS) na Internet;
- «Rede e sistema de informação», qualquer dispositivo ou conjunto de dispositivos interligados ou associados, em que um ou mais de entre eles desenvolve, em execução de um programa, o tratamento automatizado de dados informáticos, bem como a rede de comunicações eletrônicas que suporta a comunicação entre eles e o conjunto de dados informáticos armazenados, tratados, recuperados ou transmitidos por aquele ou aqueles dispositivos, tendo em vista o seu funcionamento, utilização, proteção e manutenção;
- «Registro de nomes de domínio de topo», uma entidade que administra e opera o registro de nomes de domínio da Internet de um domínio de topo específico;
- «Representante do prestador de serviços digitais», uma pessoa singular ou coletiva, estabelecida na União Europeia, expressamente designada para atuar por conta de um prestador de serviços digitais aí não estabelecido;
- «Risco», uma circunstância ou um evento, razoavelmente identificáveis, com um efeito adverso potencial na segurança das redes e dos sistemas de informação;
- «Segurança das redes e dos sistemas de informação», a capacidade das redes e dos sistemas de informação para resistir, com um dado nível

de confiança, a ações que comprometam a confidencialidade, a integridade, a disponibilidade, a autenticidade e o não repúdio dos dados armazenados, transmitidos ou tratados, ou dos serviços conexos oferecidos por essas redes ou por esses sistemas de informação, ou acessíveis através deles;

- «Serviço de computação em nuvem», um serviço digital que permite o acesso a um conjunto modulável e adaptável de recursos computacionais partilháveis;
- «Serviço de mercado em linha», um serviço digital que permite aos consumidores ou aos comerciantes celebrarem contratos de venda ou de prestação de serviços por via eletrônica com comerciantes, quer no sítio na Internet do mercado em linha, quer no sítio na Internet de um comerciante que utilize os serviços de computação disponibilizados pelo mercado em linha;
- «Serviço de motor de pesquisa em linha», um serviço digital que permite aos utilizadores consultarem todos os sítios na Internet, ou sítios na Internet numa determinada língua, com base numa pesquisa sobre qualquer assunto e que fornece ligações onde podem ser encontradas informações relacionadas com o conteúdo solicitado;
- «Serviço digital», um serviço da sociedade da informação prestado à distância, por via eletrônica;
- «Serviço essencial», um serviço essencial para a manutenção de atividades societais ou econômicas cruciais, que dependa de redes e sistemas de informação e em relação ao qual a ocorrência de

um incidente possa ter efeitos perturbadores relevantes na prestação desse serviço;

- «Sistema de nomes de domínio» (DNS), um sistema de nomes distribuídos hierarquicamente numa rede que encaminha pesquisas sobre nomes de domínio;
- «Tratamento de incidentes», todos os procedimentos de apoio à detecção, análise, contenção e resposta a um incidente.

SRI - Estabelece (Art. 4º ao Art. 11º)

- Conselho Superior de Segurança no Ciberespaço – CSSC
- Competências do CSSC
- Centro Nacional de Cibersegurança
- Equipa de Resposta a Incidentes de Segurança Informática – CERT.PT
- Competências do CERT.PT
- Prestadores de Serviços Digitais

SRI - Requisitos de segurança para os prestadores de serviços digitais (Art. 18º)

1 - Os prestadores de serviços digitais identificam e tomam as medidas técnicas e organizativas adequadas e proporcionais para gerir os riscos que se colocam à segurança das redes e dos sistemas de informação que utilizam no contexto da oferta dos serviços digitais.

2 - As medidas referidas no número anterior devem garantir um nível de segurança das redes e dos sistemas de informação adequado ao risco em causa, tendo em

conta os progressos técnicos mais recentes, e devem ter em conta os seguintes fatores:

a) A segurança dos sistemas e das instalações;

b) O tratamento dos incidentes;

c) A gestão da continuidade das atividades;

d) O acompanhamento, a auditoria e os testes realizados;

e) A conformidade com as normas internacionais.

3 - Os prestadores de serviços digitais tomam medidas para evitar os incidentes que afetem a segurança das suas redes e sistemas de informação e para reduzir ao mínimo o seu impacto nos serviços digitais, a fim de assegurar a continuidade desses serviços.

4 - O presente artigo não se aplica às microempresas nem às pequenas empresas, tal como definidas pelo Decreto-Lei n.º 372/2007, de 6 de novembro, na sua redação atual.

5 - Os elementos constantes dos n.os 1 a 3 são objeto de Regulamento de Execução da Comissão Europeia.

SRI - Negligência (Art 25º)

A negligência é punível, sendo os limites mínimos e máximos das coimas reduzidos a metade.

7.4 INSTRUÇÃO NORMATIVA Nº 5

A Instrução Normativa número 5, dispõe sobre os requisitos mínimos de segurança da informação para utilização de soluções de computação em nuvem pelos órgãos e pelas entidades da administração pública federal. (BRASIL, 2021)

Em busca de explicar o que e como é composta a computação em nuvem, assim como os requisitos mínimos de segurança.

Cloud – Composição (Art. 3º)

- nuvem privada (ou interna) – infraestrutura de nuvem dedicada para uso exclusivo do órgão e de suas unidades vinculadas, ou de entidade composta por múltiplos usuários, e sua propriedade e seu gerenciamento podem ser da própria organização, de terceiros ou de ambos;
- nuvem comunitária – infraestrutura de nuvem dedicada para uso exclusivo de uma comunidade, ou de um grupo de usuários de órgãos ou de entidades não vinculados, que compartilham a mesma natureza de trabalho e obrigações, e sua propriedade e seu gerenciamento podem ser de organizações da comunidade, de terceiros ou de ambos;
- nuvem pública (ou externa) – infraestrutura de nuvem dedicada para uso aberto de qualquer organização, e sua propriedade e seu gerenciamento podem ser de organizações públicas, privadas ou de ambas; e
- nuvem híbrida – infraestrutura de nuvem composta por duas ou mais infraestruturas distintas (privadas, comunitárias ou públicas), que permanecem com suas próprias características, mas agrupadas por tecnologia padrão que permite

interoperabilidade e portabilidade de dados, serviços e aplicações.

Cloud – Uso Seguro (Art. 5º)

- ser elaborado com base na política de segurança da informação do órgão ou da entidade;
- ser homologado pela alta administração e divulgado a todas as partes interessadas;
- relacionar as metas a serem alcançadas e os objetivos que regem o serviço de computação em nuvem;
- definir as funções e as responsabilidades dos agentes designados para o gerenciamento dos serviços de computação em nuvem; e
- estabelecer a periodicidade para sua revisão, a qual não deve exceder dois anos.

Lembrando que os requisitos poderão ser modificados conforme novos requisitos que necessite de mais detalhes para que o uso da computação em nuvem fique seguro, de forma a assegurar sua continuidade, sustentabilidade, adequação e efetividade.

Cloud – Responsabilidades do Gestor de SI (Art. 7º)

- instituir e coordenar a equipe descrita no art. 6º, responsável pela elaboração e revisões do ato normativo sobre uso seguro de computação em nuvem;
- supervisionar a aplicação do ato normativo sobre uso seguro de computação em nuvem;

- assegurar a contínua efetividade da comunicação com o provedor de serviço de nuvem, que fornece tais serviços ao órgão ou à entidade, de forma a assegurar que os controles e os níveis de serviço acordados sejam cumpridos;
- supervisionar a aplicação das medidas de correção pelo provedor de serviço de nuvem, em casos de eventuais desvios;
- comunicar incidentes cibernéticos informados pelo provedor de serviço de nuvem aos órgãos competentes para os seus tratamentos, conforme a relevância dos incidentes previamente estabelecida; e
- encaminhar para aprovação da alta administração as minutas de elaboração e de revisões do ato normativo sobre o uso seguro de computação em nuvem.

Um questionamento deve ser supracitado: Como o Gestor de SI – Segurança da Informação realiza todas as suas responsabilidades? Com a autonomia e recurso financeiro suficiente para que o investimento em Governança e Gestão de SI consiga ser realizado.

Não há como nomear um Gestor de TI ou um Encarregado de Proteção de Dados Pessoais e não determinar o seu poder de investimento na área, assim como a sua autonomia para tomada de decisões.

É comum que organizações privadas nomeiem os seus encarregados de proteção de dados, por exemplo, apenas para o nome dele ficar estampado ao público? Reflexão!

Cloud – Competências do Comitê (Art. 8º)

- estabelecer os países nos quais dados e informações custodiados pela administração pública federal poderão ser armazenados em soluções de computação em nuvem;
- definir os requisitos criptográficos mínimos para o armazenamento de dados e informações, custodiados pela administração pública federal, em soluções de computação em nuvem; e
- analisar, em caráter conclusivo, as minutas de elaboração e de revisões do ato normativo sobre o uso seguro de computação em nuvem.

> Art. 9º À alta administração do órgão ou da entidade compete aprovar as minutas de elaboração e de revisões do ato normativo sobre o uso seguro de computação em nuvem e divulgá-las às partes interessadas.
>
> Seção II
>
> Da capacidade do provedor de serviço de nuvem para implementar atualizações
>
> Art. 12. Em função da capacidade de o provedor de serviço de nuvem implementar atualizações relacionadas à segurança da informação em seus produtos e serviços, os órgãos ou as entidades deverão, no mínimo:
>
> I - definir os critérios e a periodicidade das atualizações dos procedimentos e dos recursos computacionais a serem observados pelo provedor de serviço de nuvem; e
>
> II - revisar e atualizar periodicamente seus processos internos de gestão de riscos de segurança da informação.

Cloud – Autenticidade e registros de logs (Art. 13)

- adotar um padrão de identidade federada para permitir o uso de tecnologia single sign-on processo de autenticação de seus usuários no provedor de serviço de nuvem;
- negar ao provedor de serviço de nuvem permissão de uso e acesso direto ao ambiente de autenticação do órgão ou da entidade;
- adotar, de acordo com o nível de criticidade da informação, o uso da tecnologia single sign-on, o qual deve ser acompanhado de autenticação multifator ou de outra alternativa que aumente o grau de segurança no processo de autenticação de seus usuários no provedor de serviço de nuvem;
- exigir do provedor de serviço de nuvem que registre todos os acessos, incidentes e eventos cibernéticos, incluídas informações sobre sessões e transações e armazene, pelo período de um ano, todos os registros de que trata a alínea a;
- armazenar os registros de todos os acessos, incidentes e eventos cibernéticos, incluindo informação sobre sessões e transações, por cinco anos, no ambiente do provedor de serviço de nuvem ou em ambiente próprio controlado, à critério do órgão ou da entidade contratante;
- manter em ambiente próprio controlado, pelo período de cinco anos, os registros de todos os acessos, incidentes e eventos cibernéticos, incluindo informação sobre sessões e transações recebidos do provedor de serviço de nuvem; e

- capacitar a equipe de segurança para acessar e utilizar os registros gerados pelo provedor de serviço de nuvem.

Cloud – Criptografia (Art. 12)

- verificar se os dados da organização estão sendo tratados e armazenados de acordo com a legislação;
- analisar a necessidade de criptografar dados com base nos requisitos legais, nos riscos, no nível de criticidade, nos custos e nos benefícios; e
- utilizar, sempre que possível, chaves de encriptação baseadas em hardware.

Cloud – Gerenciamento (Art. 16)

- capacitar a equipe responsável por esse gerenciamento nas tecnologias utilizadas pelo provedor de serviço de nuvem;
- exigir que o provedor de serviço de nuvem documente e comunique seus recursos, papéis e responsabilidades de segurança da informação para o uso de seus serviços em nuvem;
- elaborar uma matriz de responsabilidades que inclua obrigações e responsabilidades próprias; e
- elaborar um processo de tratamento de incidentes junto ao provedor de serviço de nuvem e comunicá-lo à equipe responsável pelo gerenciamento da nuvem.

Cloud – Tratamento da informação (Art. 17)

- Em relação ao tratamento da informação em ambiente de computação em nuvem, o órgão ou a entidade, além de cumprir as orientações contidas na legislação sobre proteção de dados pessoais, a LGPD, Lei 13.709/2018.
- informação sem restrição de acesso poderá ser tratada em ambiente de nuvem, considerada a legislação e os riscos de segurança da informação;
- informação classificada em grau de sigilo e documento preparatório que possa originar informação classificada não poderão ser tratados em ambiente de computação em nuvem; e
- poderão ser tratados em ambiente de computação em nuvem, observados os riscos de segurança da informação e a legislação vigente: a) a informação com restrição de acesso prevista na legislação, conforme o Anexo a esta Instrução Normativa; b) o material de acesso restrito regulado pelo próprio órgão ou pela entidade; c) a informação pessoal relativa à intimidade, vida privada, honra e imagem; e d) o documento preparatório não previsto no inciso II do caput.

Cloud – Tratamento na evolução do dado

Os dados, metadados, informações e conhecimentos produzidos ou custodiados pelo órgão ou pela entidade, transferidos para o provedor de serviço de nuvem, devem estar hospedados em território brasileiro, observando-se as seguintes disposições:

- pelo menos uma cópia atualizada de segurança deve ser mantida em território brasileiro;
- a informação sem restrição de acesso poderá possuir cópias atualizadas de segurança fora do território brasileiro, conforme legislação aplicável;
- a informação com restrição de acesso prevista na legislação e o documento preparatório não previsto no inciso II do *caput* do art. 17, bem como suas cópias atualizadas de segurança, não poderão ser tratados fora do território brasileiro, conforme legislação aplicável; e
- no caso de dados pessoais, deverão ser observadas as orientações previstas na Lei nº 13.709, de 14 de agosto de 2018, Lei Geral de Proteção de Dados Pessoais – LGPD, e demais legislações sobre o assunto.

Contudo, não basta utilizar o que está instruído pelo normativo, devendo cada órgão analisar as suas necessidades e elaborar a governança e gestão da segurança da informação com base nos melhores controles determinados pelos padrões internacionais, para ampliar a tutela.

REFERÊNCIAS

ABNT NBR ISO/IEC 17788:2015. (2015). *ABNT NBR ISO/IEC 17788:2015*. Disponível em: https://www.abntcatalogo.com.br/norma.aspx?ID=349280.

ABNT NBR ISO/IEC 27701:2019. (2019). *ISO/IEC 27701:2019*. Obtido de Técnicas de segurança – Extensão da ABNT NBR ISO/IEC 27001 e ABNT NBR ISO/IEC 27002 para gestão da privacidade da informação – Requisitos e diretrizes. Disponível em: https://www.abntcatalogo.com.br/norma.aspx?ID=437612.

AMAZON AWS. (2021). *Configure*. Disponível em: https://docs.aws.amazon.com/cli/latest/reference/configure/.

AMAZON AWS. (2021). *Exportar uma VM diretamente de uma imagem de máquina da Amazon (AMI)*. Disponível em: https://docs.aws.amazon.com/pt_br/vm-import/latest/userguide/vmexport_image.html.

AMAZON AWS. (2021). *Installing, updating, and uninstalling the AWS CLI version 2 on Windows*. Disponível em: https://docs.aws.amazon.com/cli/latest/userguide/install-cliv2-windows.html.

AMINI, Jamil N., AHMAD, A.; Z'ABA, M. *Abordagens de modelagem de ameaças para proteger a computação em nuvem*. Revista de Ciências Aplicadas, 15, 7, 2015. p. 953.

ARAÚJO, Valter Shuenquener. *Novas dimensões do princípio da soberania.* Rio de Janeiro: Editora Niterói, 2016.

AUTOPSY. (2020). *IngestModules.* Disponível em: https://github.com/sleuthkit/autopsy_addon_modules/tree/master/IngestModules.

BRASIL. *Decreto nº 1.320, de 30 de novembro de 1994.* Disponível em: http://www.planalto.gov.br/ccivil_03/decreto/1990-1994/D1320.htm.

BRASIL. *Decreto nº 3.810, de 2 de maio de 2001.* Disponível em: http://www.planalto.gov.br/ccivil_03/decreto/2001/d3810.htm.

BRASIL. *Lei 12.965/2014 – Marco Civil da Internet.* Disponível em: http://www.planalto.gov.br/ccivil_03/_ato2011-2014/2014/lei/l12965.htm.

BRASIL. *Lei 13.709/2018, de 14 de agosto.* Disponível em: http://www.planalto.gov.br/ccivil_03/_ato2015-2018/2018/lei/L13709.htm.

BRASIL. Decreto 10.222, de 5 de fevereiro de 2020. Disponível em: https://presrepublica.jusbrasil.com.br/legislacao/943259753/decreto-10222-20

CALIFORNIA LEGISLATIVE INFORMATION. (28 de june de 2018). *Assembly Bill nº 375. CHAPTER 55.* Disponível em: https://leginfo.legislature.ca.gov/faces/billTextClient.xhtml?bill_id=201720180AB375.

CANDEIAS, M. J. (2015). *Ataques fulminantes em sistemas operativos Microsoft Windows.* Dissertação (Mestrado) – Escola Superior de Tecnologia e Gestão, Instituto Politécnico de Beja, Portugal. Disponível em: https://repositorio.ipbeja.pt/handle/20.500.12207/4594.

CANOTILHO, José Joaquim Gomes; MOREIRA, Vital. *CRP: Constituição da República Portuguesa – Anotada, Artigo 1 a 107.* 4 ed. Vol. I. Coimbra: Editora Coimbra, 2007.

CHEN, Lei; TAKABI, Hassan; LE-KHAC, Nhien-An. *Security, Privacy, and Digital Forensics in the Cloud.* Singapore: WILEY – Highter Education Press, 2019.

CRISPINO FE HOUCK MM. *Principles of forensic science, em Encyclopedia of forences.* Waltham: Academic Press, 2013.

DAWSON, M. (09 de 2020). *NodeJS.* Disponível em: https://nodejs.org/en/blog/vulnerability/september-2020-security-releases/.

DELERUE, F. *Cyber Operations and International Law.* Cambridge: Cambridge Studies in International and Comparative Law, 2020.

DESCHAMPS, F. (09 de 2020). *filipedeschamps.* Disponível em: https://www.instagram.com/p/CFM2T1agycY/?igshid=19ujuum5zazvw.

ECONSUMER. (2020). *Report international scams online.*

ESTADOS UNIDOS DA AMÉRICA. (06 de fevereiro de 2018). *S.2383 – CLOUD Act – Clarifying Lawful Overseas Use of Data Act.* Disponível em: https://www.congress.gov/bill/115th-congress/senate-bill/2383/text.

GARRISON, C. P. *Digital Forensics for Netword, Internet and Cloud Computing.* USA: Elsevier. 2010.

INGALSBE, J. A.; SHOEMAKER, D.; MEAD, N. R. (2011). *Ameaça modelando a computação em nuvem, dispositivo móvel empresa consumida: uma visão geral das considerações.* Obtido de AMCIS.

INTERPOL. (05 de 2019). *Global guidelines for digital forensics laboratories.* Disponível em: https://www.interpol.int/content/download/13501/file/INTERPOL_DFL_GlobalGuidelinesDigitalForensicsLaboratory.pdf?inLanguage=eng-GB.

ISO/IEC 17025:2017. (2017). *ISO/IEC 17025:2017.* Disponível em: https://www.iso.org/standard/66912.html.

ISO/IEC 27035-1:2016. (2016). *ISO/IEC 27035-1:2016.* Disponível em: https://www.iso.org/standard/60803.html.

ISO/IEC 27037:2012. (2012). *ISO/IEC 27037:* Disponível em: https://www.iso.org/standard/44381.html.

ISO/IEC 27701:2019. (2019). Disponível em: https://www.iso.org/standard/71670.html.

JUSTEL. Législation consolidée. (18 de 05 de 2020). *CODE D'INSTRUCTION CRIMINELLE.* Disponível em: http://www.ejustice.just.fgov.be/eli/loi/1808/11/17/1808111701/justel

KAMBOURAKIS, G.; KOLIAS, C.; STAVROU, A. (2017). *O Mirai Botnet e o zumbi da IoT*. Disponível em: https://ieeexplore.ieee.org/document/8170867.

LITRENTO, Oliveiros [APUD Villanova]. (1982). *Fundamentos filosoficos do direito romano e sua repercussões no pensamento jurídico conteporâneo.* Rio de Janeiro: 25(3): 103-114.

LÓSSIO, C. J. *Proteção de Dados e Compliance Digital.* São Paulo: Editora Almedina, 2021.

MACCHEROLA, S.; ALBERT, B. (01 de 09 de 2020). *3 Challengers to Data.* Disponível em: https://accessdata.com/blog/3-challenges-to-data-collection-in-the-cloud.

MAGNET AXIOM. (2020). *Magnet Forensics.* Disponível em: https://www.magnetforensics.com/products/magnet-axiom/cloud/.

MANRAL, Bharat, et al. (2019). *A Systematic Survey on Cloud Forensics Challenges, Solutions, and Future Directions.* Disponível em: https://doi.org/10.1145/3361216.

MICROSOFT AZURE. (2021). *Baixar um VHD do Windows Azure.* Disponível em: https://docs.microsoft.com/pt-br/azure/virtual-machines/windows/download-vhd.

MORENO, I. (2020). *B16f00t/whapa.* Disponível em: https://github.com/B16f00t/whapa?fbclid=IwAR2AEnlM3Hg0SYV5JZ1tLsTv9fmiTxLeKzGYEqm2gRkfD2We_dgCbYqV0io.

NIST. (2011). *Special Publication 800-145.* Disponível em: https://nvlpubs.nist.gov/nistpubs/Legacy/SP/nistspecialpublication800-145.pdf.

NIST. (2020). *Security and Privacy Controls for Information Systems and Organizations.* Disponível em: https://nvlpubs.nist.gov/nistpubs/SpecialPublications/NIST.SP.800-53r4.pdf.

NISTIR 8006. (2020). *NIST Cloud Computing.* Disponível em: https://doi.org/10.6028/NIST.IR.8006.

NVIDIA. (2020). Servidor NVIDIA RTX. Disponível em: https://www.nvidia.com/pt-br/data-center/rtx-server-gaming/

PARABEN CORPORATION. (2020). *E3: DS*. Disponível em: https://paraben.com/smartphone-forensic-tools/.

PARLAMENTO EUROPEU E DO CONSELHO. (06 de junho de 2016). *DIRETIVA (UE) 2016/1148*. Disponível em: https://eur-lex.europa.eu/legal-content/PT/TXT/?uri=CELEX%3A32016L1148.

PARLAMENTO EUROPEU E DO CONSELHO. (27 de abril de 2016). *Regulamento 679/2016*. Disponível em: https://eur-lex.europa.eu/legal-content/PT/TXT/?uri=celex%3A32016R0679.

PORTSWIGGER. (2020). *HTTP request smuggling*. Disponível em: https://portswigger.net/web-security/request-smuggling.

PORTUGAL. (31 de 08 de 1999). *Lei n.º 144/99, de 31 de Agosto*. Disponível em: http://www.ministeriopublico.pt/iframe/lei-da-cooperacao-judiciaria-internacional-em-materia-penal.

PORTUGAL. (15 de 09 de 2009). *Lei n.º 109/2009, de 15 de Setembro – Lei do Cibercrime*. Disponível em: http://www.pgdlisboa.pt/leis/lei_mostra_articulado.php?nid=1137&tabela=leis.

PORTUGAL. Assembleia da República. (02 de abril de 1976). *Cconstituição da República Portuguesa*. Disponível em: https://dre.pt/constituicao-da-republica-portuguesa.

PORTUGAL. Assembleia da República. (13 de agosto de 2018). *Lei n.º 46/2018*. Disponível em: https://dre.pt/home/-/dre/116029384/details/maximized.

PORTUGAL. Assembleia da República. (08 de agosto de 2019). *Lei n.º 59/2018*. Disponível em: https://www.cnpd.pt/home/legis/nacional/Lei_59_2019.pdf.

QIAO YAN, F. Richard Yu, QingxiangGong e Jianqiang Li. (2016). *Rede definida por software (SDN) e distribuída ataques de negação de serviço (DDoS) em ambientes de computação em nuvem: uma pesquisa, alguns problemas de pesquisa e desafios*. Obtido de IEEE.

REALE, M. *Lições Preliminares do Direito*. São Paulo: Editora Saraiva, 2001.

ROBERT, M. (24 de jan de 2018). *Forensic Focus*. Disponível em: https://www.forensicfocus.com/legal/iso-17025-for-digital-forensics-yay-or-nay/.

SERQUEIROS, J. B.; *et al* (2020). *Attack and System Modeling Applied to IoT, Cloud, and Mobile Ecosystems*. Disponível em: https://cms.ipbeja.pt/pluginfile.php/239527/mod_folder/intro/.

SILVERTHORNE LUMBER CO. *V.* UNITED STATES. (1920). *251 385*. U.S.

VERDELHO, P. *Cibercrime e Segurança Informática. Revista do Instituto Superior de Polícia Judiciária e Ciências Ciminais. III séria n. 6*. Coimbra: Coimbra, 2006.

VERIZON. (2020). *2020 Data Breach Investigations Report*. Disponível em: https://enterprise.verizon.com/resources/reports/dbir/.

WARREN AND BRANDEIS. (15 de dezembro de 1890). *The right to privacy*. Disponível em: https://groups.csail.mit.edu/mac/classes/6.805/articles/privacy/Privacy_brand_warr2.html.

ZANINI, L. E. (s.d.). *O surgimento e o desenvolvimento do right to privacy nos Estados Unidos*. Disponível em: https://jus.com.br/artigos/57228/o-surgimento-e-o-desenvolvimento-do-right-to-privacy-nos-estados-unidos.

EDITORA
JusPODIVM
www.editorajuspodivm.com.br

RENOVA
GRAF
www.renovagraf.com.br